LES ÉTRANGERS

BOOK 4

LES FÊTES

THE LANGUAGE GYM

About the authors

Tom Ball is head of the World Languages faculty and teaches French and Spanish at a leading international school in Malaysia. He is an experienced teacher and veteran faculty leader with 14 years of experience, ranging from the UK, the USA and now Malaysia. An avid writer, his stories are inspired by years of traveling and working around the world, including stints as a melon picker in the South of France, a deckhand in Papua New Guinea, and a wine merchant in London. He lives with his wife, Carlota, his son, Dacho, and their two cats in Kuala Lumpur. Tom has a passion for crafting intriguing story lines, writing witty prose, and creating dynamic characters that jump off the page and come to life. His teaching career, with a proven track-record ranging from Primary to A-Level, allows him to pitch the language at a level which creates challenging, engaging, but also student-friendly academic resources.

Jérôme has taught for over 20 years in London and in Shropshire in state and independent schools. He is an EPI enthusiast, previously Head of Languages and Digital Learning in a small prep school near Shrewsbury. He has a passion for education technology and its use in and out of the classroom to enhance teaching and learning. He regularly leads CPD sessions for fellow teachers to develop their IT skills face to face or online. When he is not busy working with amazing people on wonderful projects like this one, he enjoys spending time with his family and hitting the road or the trail to chill.

Nadim Cham has taught for the last five years in England and internationally, both in state and independent schools. He has been teaching for the last three years in Cairo, in a British International School, in which he has obtained outstanding results with his students at iGCSE level using EPI. He thoroughly enjoys collaborating with other practitioners as well as creating and sharing resources which apply the EPI pedagogy developed in this book. Nadim enjoys sports, discovering new technology, international food, and spending time with his family, as well collaborating on fantastic projects such as this book and many others, which contribute to improving the way languages are taught around the world.

About the authors

Gianfranco Conti taught for 25 years at schools in Italy, the UK and in Kuala Lumpur, Malaysia. He has also been a university lecturer, holds a Master's degree in Applied Linguistics and a PhD in metacognitive strategies as applied to second language writing. He is now an author, a popular independent educational consultant and professional development provider. He has written around 2,000 resources for the TES website, which have awarded him the Best Resources Contributor in 2015. He has co-authored the best-selling and influential book for world languages teachers, "The Language Teacher Toolkit", "Breaking the sound barrier: Teaching learners how to listen", in which he puts forth his Listening As Modelling methodology and "Memory: what every language teacher should know". Last but not least, Gianfranco has created the instructional approach known as E.P.I. (Extensive Processing Instruction).

Dylan Viñales has taught for 15 years, in schools in Bath, Beijing and Kuala Lumpur in state, independent and international settings. He lives in Kuala Lumpur. He is fluent in five languages, and gets by in several more. Dylan is, besides a teacher, a professional development provider, specialising in E.P.I., metacognition, teaching languages through music (especially ukulele) and cognitive science. In the last five years, together with Dr Conti, he has driven the implementation of E.P.I. in one of the top international schools in the world: Garden International School. Dylan authors an influential blog on modern language pedagogy in which he supports the teaching of languages through E.P.I.

DEDICATION

For Catrina
- Gianfranco

For Ariella and Leonard
- Dylan

For Carlota & Dacho
- Tom

For Luc
- Jérôme

For Inaya
- Nadim

Acknowledgements

A big thanks to our friends and family for the ongoing support while we work hard to produce these resources.

Secondly, our most sincere thanks and gratitude to our team of volunteer student readers, and a special mention, as always, to the fabulous MFL Twitterati community for their support and feedback throughout the creation process of this book.

As always, credit to our illustrator Jean for her hard work and for lending her creativity and skill to help bring characters & scenes to life.

Finally, thank you to our editor, Aurélie Lethuilier for being a consistently positive, supportive and highly-skilled linguist and colleague. Her meticulous checks, detective-like attention to detail and insightful suggestions, both cultural and linguistic, during this project have helped make this book the excellent resource that it is.

Introduction

In the explosive conclusion to the *Les Étrangers* series, Sam finally uncovers the secrets of his past, with dramatic consequences.

Back in Toulouse as the town gears up for *les fêtes*, Sam and his friends try to make sense of their frightening encounter at *La Cassole*. But before they can act on the information they've uncovered, their lives are again thrown into jeopardy.

With his friends' lives in the balance, Sam must get to the heart of the mystery surrounding his background, no matter the personal cost.

Who is so desperate to keep Sam's true identity concealed? To what lengths will they go to stop Sam finally finding the truth? Will his efforts save the lives of his friends? Or should he let sleeping dogs lie?

Conceived for, and with input from, GCSE French students, the *Les Étrangers* series brings the GCSE topic areas to life through an engaging and exciting mystery in one of the most beautiful locations in France. Thanks to its parallel texts which guarantee 100% comprehensible input at all times; the repetition of key language items; the judicious use of cognates and choice of high-frequency vocabulary drawn from the 2,500 most frequent French words, this book is ideal for learners in the A2-B1 proficiency band.

TABLE OF CONTENTS

CHAPTER 1

Les empreintes de pas la nuit

J'ai mal à la tête et je me sens
mal. J'essaie de donner un sens
à tout ce qui s'est passé. Je sais
maintenant que je m'appelle
5   Sam. Sam Hart. Je sais aussi
qu'il y a un psychopathe qui
s'appelle Albert et qui veut me
tuer. Et finalement, je sais que
mon père est mort.
10

Je suis dans la vieille voiture de
Valentina avec Hassan,
Fernand, Yuki et Rémy, le rat
d'Hassan, qui, au fait, a l'air
15   ahuri.

Nous sommes tous épuisés.
Surtout Rémy. Le rat est en très
mauvais état. Ses poils,
20   autrefois blancs, sont
maintenant noirs comme du
charbon et ce qui lui reste de sa
queue est tordu comme un
vieux fil de fer.
25

En vérité, l'état de Rémy est le
reflet exact de ce que je ressens
en ce moment.

30   Ces gens sont censés être mes
amis, mais je ne sais pas si je
peux leur faire confiance.

My head hurts and I feel sick.
I try to get a sense of
everything that has happened.
Now I know my name is Sam.
Sam Hart. I also know that
there's a psychopath called
Albert who wants to kill me.
And finally, I know that my
father is dead.

I am in Valentina's old car with
Hassan, Fernand, Yuki and
Rémy, Hassan's rat who, by the
way, looks bewildered.

We are all exhausted.
Especially Rémy. The rat is in a
sorry state. His fur, once white,
is now blacker than coal, and
what remains of his tail is
twisted like old wire.

The truth is, Rémy's condition
exactly mirrors how I feel right
now.

These people are supposed to
be my friends, but I don't know
if I can trust them.

Aujourd'hui, j'ai appris que
Hassan et Fernand travaillaient
avec Albert.

5 Valentina est la sœur de
Fernand et je pense qu'elle
ferait n'importe quoi pour lui.
Et Yuki, eh bien, Yuki est
folle !
10

La dure réalité, est qu'à part le
rat qui nous a tous sauvés, je ne
suis pas sûr d'avoir un seul ami.

15 Nous nous arrêtons dans un bar
pour manger un morceau dans
la banlieue de Toulouse, mais
je n'ai pas faim.
La serveuse nous regarde
20 bizarrement : une Japonaise
habillée de noir de la tête aux
pieds, un Marocain avec un rat
assis sur son épaule, deux
Espagnols ébouriffés et un
25 Anglais qui a l'air d'un zombie.
Quelle équipe hétéroclite !

Je vois à son expression qu'elle
est assez confuse, mais elle ne
30 dit rien et nous fait asseoir à
une table à l'intérieur du bar.

Today, I found out that Hassan
and Fernand worked with
Albert.

Valentina is Fernand's sister
and I think she would do
anything for him. And Yuki,
well, Yuki is crazy!

The harsh reality is that aside
from the rat that saved us all,
I'm not sure I have even one
single friend.
We stop at a bar for a bite on
the outskirts of Toulouse, but
I'm not hungry.

The waitress looks at us
strangely: a Japanese woman
dressed from head to toe in
black, a Moroccan with a rat
sitting on his shoulder, two
dishevelled Spaniards and an
Englishman who looks like a
zombie. What a motley crew
we are!
I can see from her expression
that she's quite confused, but
she doesn't say anything and
just sits us at a table inside the
bar.

Yuki commande du café pour tout le monde, mais je me demande si nous n'aurions pas besoin de quelque chose de plus fort...

Personne ne parle, mais je sens que les yeux de Valentina sont fixés sur moi.

Je pense à mon père. Je ne me souviens même pas de son visage... Je ne connais même pas son nom ! Je dois savoir ce qui lui est arrivé.

Je sors du bar pour téléphoner à l'avocat qui m'a appelé pour m'annoncer que mon père était mort, mais personne ne répond.

Il fait chaud et je respire profondément. Cela fait quatre jours que j'essaie en vain de savoir qui je suis et voilà qu'en l'espace de cinq minutes, je découvre à la fois qui je suis et que mon père est mort.

J'ai envie de pleurer.

Yuki orders coffee for everyone, but I wonder if we may need something stronger…

Nobody says a word, but I feel that Valentina's eyes are fixed on me.

I think of my father. I don't even remember his face... I don't even know his name! I need to know what happened to him.

I leave the bar to phone the lawyer who called me to tell me that my father had died, but no one answers.

It's hot and I take a deep breath. For the past four days I've been trying to figure out who I am with no luck and then within five minutes I have suddenly found out both who I am and that my father is dead.

I want to cry.

Valentina sort pour me
chercher. — Viens, Sam, elle
me dit, rentrons à la maison. La
journée a été dure. Tu as besoin
5 de te reposer. Je vois la
compassion dans ses yeux.

Mais elle ne comprend rien,
personne ne peut comprendre
le vide que je ressens dans mon
10 cœur.
Pendant un long moment, nous
admirons tous les deux le soleil
qui se couche et le ciel qui
devient vert et orange.
15
Seul un petit nuage blanc est
visible traversant le ciel au-
dessus de nous.
Le reste du groupe quitte le bar
20 et nous remontons dans la
voiture.

Nous traversons le vieux pont
pour rejoindre le centre
25 historique de Toulouse.
Personne dans la voiture n'ose
parler.
Yuki, Hassan et Fernand sont
sur la banquette arrière. Ils
30 ressemblent à des sardines dans
une boîte.

Valentina comes out to look for
me. "Come on, Sam," she tells
me, "let's go home. It's been a
tough day. You need to rest." I
see the compassion in her eyes.

But she doesn't understand
anything; no one can understand
the emptiness I feel in my
heart.
For a long moment, we both
admire the sun going down and
the sky turning green and
orange.

Only a small white cloud is
visible crossing the sky above
us.
The rest of the group leaves the
bar, and we get back in the car.

We cross the old bridge to
reach the historic centre of
Toulouse. No one in the car
dares to speak.

Yuki, Hassan and Fernand are
in the back seat. They look like
sardines in a can.

Les fenêtres sont ouvertes et,
au loin, j'entends de la musique.

The windows are open and, in
the distance, I hear music.

Plus nous nous rapprochons du
5   centre, plus la musique est
forte.

The closer we get to the centre,
the louder the music gets.

La voiture avance très
lentement, je regarde et je vois
10   qu'un peu plus loin, la rue est
bloquée et il y a des gens
partout.

The car is moving very slowly,
I look and see that, a little
further on, the street is blocked
and there are people
everywhere.

Un groupe d'adolescents
15   portant des masques
d'Halloween passe devant nous.

A group of teenagers in
Halloween masks passes us.

— Officiellement, les festivités
commencent demain, dit
20   Valentina, mais on dirait que
les célébrations ont déjà
commencé.

"Officially, the festivities start
tomorrow," Valentina says,
"but it looks like the
celebrations are already
underway."

Tout autour de nous, il y a des
25   lumières colorées. Une
véritable effervescence et
l'odeur de la barbe à papa et des
pommes d'amour envahissent
chaque coin de rue. Je crois que
30   je vais vomir.

All around us there are
coloured lights. A real buzz and
the smell of candy floss and
toffee apples fills every corner.
I think I'm going to vomit.

Valentina me regarde et me dit
gentiment. — C'est bon, Sam,
nous serons bientôt à la maison.

5 Une barrière bloque la rue,
mais Valentina la contourne
avec la voiture.

Nous traversons la place et je
10 vois beaucoup de visages
familiers : la serveuse du café,
l'un des professeurs de notre
école de langues, le boulanger
qui me vend des croissants le
15 matin, le coiffeur...
On dirait que toute la ville s'est
réunie !

Il y a beaucoup de voitures
20 garées devant L'Auberge de St
Sernin, alors Valentina s'arrête
à l'entrée pour qu'on sorte, puis
elle va chercher une place de
parking.
25

Son frère, Fernand,
l'accompagne. Yuki, Hassan,
Rémy et moi entrons dans
l'auberge et nous nous asseyons
30 sur les vieilles chaises en bois
de la réception.

Valentina looks at me and says
sweetly. "It's okay, Sam, we'll
be home soon."

There is a barrier blocking the
street, but Valentina goes
around it with the car.

We drive through the square
and I see many familiar faces:
the waitress from the café, one
of the teachers from our
language school, the baker who
sells me croissants in the
morning, the hairdresser…
It seems like the whole town
has come together!

There are lots of cars parked in
front of L'Auberge de St
Sernin, so Valentina stops at
the entrance for us to get out
and then she goes to find a
parking spot.

Her brother, Fernand, goes with
her. Yuki, Hassan, Rémy, and I
go into the inn and sit down on
the old wooden chairs in the
reception area.

Je ne sais pas pourquoi, mais
l'image me fait m'imaginer en
train d'attendre à la morgue
l'identification de mon père.

5 Yuki me regarde avec curiosité.
Ses yeux noirs brillent
d'énergie. À la fin, elle me dit :
— Tu vas lire la lettre, Sam ?

10 Yuki a trouvé une lettre à La
Cassole avec mon nom comme
adresse de retour. Elle semble
contenir des informations sur
mon histoire.

15

Je regarde l'enveloppe dans
mes mains, mais je ne l'ouvre
pas.
À ce moment-là, j'ai envie de
20 dire à Yuki que je ne veux pas
lire la lettre, que je veux la
brûler ; que ma vie était plus
facile quand je ne savais pas
qui j'étais.

25

Mais devant l'innocence de son
visage, je secoue juste ma tête
et je dis doucement,
« Plus tard. »

30

— Il y avait tellement de
documents dans la pièce de La
Cassole, Yuki dit.

I don't know why, but the
image makes me imagine
myself waiting at the morgue to
identify my father. Yuki looks
at me inquisitively. Her black
eyes shine with energy. In the
end, she says to me, "Are you
going to read the letter, Sam?"

Yuki found a letter in La
Cassole with my name as the
return address. It seems to have
information about my story.

I look down at the envelope in
my hands, but I don't open it.

At that moment, I want to tell
Yuki that I don't want to read
the letter, that I want to burn it;
that my life was easier when I
didn't know who I was.

But seeing the innocence on her
face, I just shake my head and
say quietly,
"Later."

"There were so many
documents in the room at La
Cassole," says Yuki.

— Je n'ai pas eu le temps d'en prendre d'autres, mais j'ai vu que cette lettre portait ton nom, alors...	"I didn't have time to take any more, but I saw that that letter had your name on it so…"
5	
— Yuki, Hassan interrompt en caressant Rémy, qui s'est endormi sur sa poitrine.	"Yuki," interrupts Hassan as he caresses Rémy, who is asleep on his chest.
— Je pense que Sam a besoin	"I think Sam needs time to
10 de temps pour digérer tout ce qui s'est passé aujourd'hui.	digest everything that's happened today."
À ce moment-là, Valentina et Fernand franchissent la porte.	At that moment, Valentina and Fernand walk through the door.
15 Fernand regarde le sol, évitant mon regard, et dit qu'il va se coucher. La journée a été difficile pour tout le monde.	Fernand looks at the ground, avoiding my gaze, and says he's going to bed. It has been a difficult day for everyone.
20 — Eh bien, je vais aussi vous quitter, Yuki dit en regardant la lettre. Appelle-moi quand tu auras lu la lettre.	"Well, I'm going to leave you too," Yuki says, looking at the letter. "Call me when you've read the letter."
25 — Merci, Yuki. Repose-toi, je réponds, presque en chuchotant. Hassan me souhaite bonne nuit et monte les escaliers en caressant	"Thank you, Yuki. Rest up," I reply, almost whispering. Hassan says good night and goes up the stairs, caressing Rémy gently.
30 délicatement Rémy.	
Je me retrouve seul avec Valentina.	I am left alone with Valentina.

— Viens avec moi, elle dit en me prenant la main. Je respire profondément et, pendant un instant, son parfum me remplit de paix. — Tu as eu une journée horrible. Si tu es d'accord, je vais garder un œil sur toi...

Nous nous dirigeons vers le salon de Valentina, qui se trouve derrière la réception, au rez-de-chaussée. Elle allume le ventilateur et je m'assieds sur le canapé.

— Il faut que tu manges quelque chose, Sam. Et que tu boives de l'eau, elle me dit en se dirigeant vers la cuisine.

Je vois qu'elle prépare une assiette de nourriture, mais j'ai encore mal à la tête et je décide de m'allonger sur le canapé pendant un moment.

Bien que je sois à l'aise, je n'arrive pas à me détendre et une multitude de visages défile dans mon esprit :

"Come with me," she says, taking my hand. I take a deep breath, and for a moment, her scent fills me with peace. "You've had an awful day. If it's okay with you, I'll keep an eye on you..."

We head to Valentina's living room which is behind the reception on the ground floor. She turns on the fan and I sit on her sofa.

"You have to eat something, Sam. And drink water," she tells me walking towards the kitchen.

I see that she is preparing a plate of food, but my head still hurts so I decide to lie down on the sofa for a while.

Although I'm comfortable, I can't relax and a multitude of faces flashes through my mind:

celui d'Albert, la sans-abri,
celui de Paulette, la fille sur la
photo que Paulette m'a donnée,
celui de Lorena, et celui de
5 Valentina.

Cependant, j'ai beau essayer, je
n'arrive pas à me souvenir des
visages de mes parents. Je sens
10 mon corps s'enfoncer dans le
canapé. Je regarde le plafond et
le ventilateur tourner tout en
écoutant Valentina dans la
cuisine jusqu'à ce que je
15 m'endorme.

Quand je me réveille, la maison
est sombre. Je suis sur le
canapé et Valentina est
20 endormie dans le fauteuil.

Je la regarde, affalée dans son
fauteuil, elle a l'air si calme et
si innocente. « Pourquoi est-
25 elle si gentille avec moi ? Que
veut-elle de moi ? »

Il y a une assiette de pain avec
des tomates et du jambon sur la
30 table. Je n'ai toujours pas faim.

Albert's, the homeless woman,
Paulette's, the girl in the photo
Paulette gave me, Lorena, and
Valentina's.

However, no matter how hard I
try, I can't remember my
parents' faces. I feel my body
sink into the sofa. I look at the
ceiling and watch the fan spin
while I listen to the noise of
Valentina in the kitchen until I
fall asleep.

When I wake up, the house is
dark. I am on the sofa and
Valentina is asleep in the
armchair.

I look at her slumped in her
chair; she seems so calm and
innocent. *Why is she being so
nice to me? What does she
want from me?*

There is a plate of bread with
tomatoes and ham on the table.
I'm still not hungry.

Je n'entends aucun des bruits habituels de la rue et je pense que c'est déjà le petit matin.

5 De la fenêtre, j'entends des bruits de pas. Qui se promène à cette heure-ci ? Le facteur ? Le laitier ? Un voleur ?

10 Je me lève doucement pour ne pas réveiller Valentina. Je n'ai pas faim, mais j'ai soif. Je vais dans la cuisine et je prends un verre. J'ouvre le robinet et je
15 me verse de l'eau.
La maison est calme et silencieuse. Je regarde par la fenêtre et je vois mon reflet dans le verre. J'ai l'air détruit.
20 J'ai des cernes sous les yeux et les cheveux gras.

J'ai besoin de plus de sommeil. Je retourne sur le canapé.
25 Soudain, j'entends un grand bruit venant de l'entrée. Un grand fracas. Comme si une assiette ou une bouteille s'était cassée. Je me demande si
30 quelqu'un est tombé dans l'escalier. Je me précipite vers l'entrée.

I can't hear any of the usual street noises outside and guess it must already be early morning.
Outside the window I hear footsteps. Who's taking a walk at this hour? The postman? The milkman? A thief?

I get up quietly so as not to wake Valentina. I'm not hungry, but I am thirsty. I go into the kitchen and grab a glass. I open the tap and pour myself some water.
The house is calm and quiet. I look out the window and see my reflection in the glass. I look destroyed. I have bags under my eyes and greasy hair.

I need more sleep. I go back to the sofa. Suddenly, I hear a loud noise coming from the entrance. A loud smash. As if a plate or a bottle has broken. I wonder if someone has fallen down the stairs. I hurry towards the entrance.

Valentina s'agite sur sa chaise, mais ne se réveille pas.

Valentina stirs in her chair, but she doesn't wake up.

Quand j'arrive à l'entrée, je vois des flammes jaunes et rouges qui brillent sur le sol. Il y a des morceaux de verre à côté de la porte.

When I get to the entrance, I see yellow and red flames shining on the ground. There are shards of glass next to the door.

« Est-ce que je rêve ? »

Am I dreaming?

J'hésite quelques secondes, et quand je réagis, le feu a déjà atteint l'escalier en bois. Je ne sais pas ce qui s'est passé, mais l'auberge est en feu !

I hesitate for a few seconds, and when I react, the fire has already reached the wooden staircase. I don't know what has happened, but the inn is on fire!

J'envisage de monter pour prévenir Hassan et les autres clients du danger, mais je me souviens que Valentina est endormie dans le salon, tout près du feu.
— Debout ! Au feu ! je crie... Il faut sortir d'ici ! Lève-toi !

I consider going upstairs to warn Hassan and the other guests of the danger, but I remember that Valentina is asleep in the living room right by the fire.
"Get up! Fire!" I shout. "We have to get out of here! Get up!"

Valentina ouvre les yeux et me regarde confuse. — Un incendie ? Non...Yuki, l'a éteint hier avec le tuyau d'arrosage...

Valentina opens her eyes and looks at me with confusion in her eyes. "Fire? No…Yuki, put it out yesterday with the hose…"

Je l'aide à se relever et lui
demande comment nous
pouvons sortir par la cuisine.
— Non ! je crie : Ici ! Il y a le
feu à l'auberge ! Il faut vite
sortir d'ici !

— Là-bas, elle répond, encore
sonnée. Il y a… Il y a une porte
qui donne sur la ruelle derrière
l'auberge.
— Alors, vas-y, je lui dis. Je
reviens dans deux minutes.

— Mais où vas-tu ?
— Je dois prévenir les autres.
Appelle les pompiers et
attends-moi dans l'allée.

Quand j'arrive à l'escalier, je ne
vois rien. L'endroit est plein de
fumée. L'alarme incendie se
déclenche. Je suppose que
Valentina l'a activée.

Je m'approche du feu et je sens
sa chaleur brûlante. Hassan et
Rémy dorment à l'étage. Je dois
monter les aider.

Je me protège le visage avec
mon tee-shirt et je commence à
grimper.

I help her up and ask her how
we can get out through the
kitchen.
“No!” I yell, “Here! There's a
fire at the inn! We have to get
out of here fast!”

“Over there,” she replies, still
groggy. “There's… There's a
door that leads out into the
alley behind the inn.”
“Well, go out there then,” I tell
her. “I'll be back in two
minutes.”
“But where are you going?”
“I have to warn the others. Call
the fire brigade and wait for me
in the alley.”

When I get to the stairs, I can't
see anything. The place is full
of smoke. The fire alarm goes
off. I assume Valentina has
activated it.

I approach the fire and feel its
burning heat. Hassan and Rémy
are sleeping upstairs. I have to
go up and help them.

I use my T-shirt to protect my
face and start to climb.

Lorsque j'arrive en haut des escaliers, je suis trempé de sueur.

5 La porte de notre chambre est ouverte. J'entre, mais je ne vois personne. La fumée me fait tousser et je ne peux pas trouver Hassan.

10

Soudain, une main me prend par l'épaule. Je me retourne et je vois Hassan.
Il me crie : — Il n'y a personne
15 d'autre ici. Les escaliers grincent et craquent à cause de la chaleur du feu. Il faut qu'on sorte d'ici tout de suite !

20 Hassan me tend une serviette mouillée et je l'enroule autour de moi. Nous commençons à descendre les escaliers et, à mi-chemin, nous voyons que le feu
25 a complètement consumé l'entrée de l'auberge et que les flammes ont déjà rongé les escaliers.

30 — Qu'est-ce qu'on fait maintenant ? me crie Hassan, des perles de sueur coulant sur son visage.

By the time I reach the top of the stairs I am drenched in sweat.

The door to our room is open. I go in, but I can't see anyone. The smoke makes me cough and I can't find Hassan.

Suddenly, a hand grabs my shoulder. I turn and see Hassan.

"There's no one else here!" he yells at me. The stairs are creaking and cracking from the heat of the fire. We have to get out of here right now!

Hassan hands me a wet towel and I wrap it around myself. We start to go down the stairs and, halfway there, we see that the fire has completely consumed the entrance of the inn and the flames are already eating away at the stairs.

"What do we do now?" Hassan yells at me, beads of sweat running down his face.

— La fenêtre ? je réponds sans
conviction. On ne peut pas
attendre les pompiers...
A ce moment-là, une silhouette
5 apparaît au bas de l'escalier.

Il porte un casque et une veste
de pompier. Il trempe les
10 marches avec son tuyau et nous
fait signe.
Nous descendons très
prudemment. Je pense que nous
allons tomber, mais nous
15 parvenons finalement à franchir
la porte.

Dehors, nous nous asseyons sur
le trottoir, épuisés. Je vois le
20 visage de Rémy émerger de la
serviette mouillée d'Hassan. Il
est terrifié.

Les quelques personnes qui
25 sont dans la rue regardent
l'incendie, stupéfaites. Il y a
une ambulance. Une infirmière
s'approche et nous demande si
nous allons bien. — Je pense
30 que oui, je réponds en
examinant mes bras et mes
mains.

"The window?" I reply without
conviction. "We can't wait for
the fire brigade..."
At that moment a silhouette
appears at the bottom of the
stairs.

He is wearing a helmet and a
fireman's jacket. He soaks the
stairs with his hose and waves
at us.
We go down very carefully. I
think we're going to fall, but we
finally make it out of the door.

Outside, we sit on the sidewalk,
exhausted. I see Rémy's face
peeking out of Hassan's wet
towel. He is terrified.

The few people who are out in
the street stare at the fire,
stunned. There is an
ambulance. A nurse comes over
and asks us if we're okay. "I
think so," I reply, examining
my arms and hands.

—Et toi, Hassan, comment vas-tu ? Et Rémy, il va bien ?

Le Marocain me regarde mais ne répond pas. — Hassan, ça va ?

Enfin, il soupire et me dit : — Sam, il est temps de mettre fin à tout cela avant qu'il ne soit trop tard... Sam, tu dois aller à La Reine.

"And you, Hassan. How are you? And is Rémy okay?"

The Moroccan looks at me but doesn't answer. "Hassan, are you okay?"

Finally, he sighs and says to me, "Sam, it's time to put an end to all this before it's too late…Sam, you have to go to La Reine."

CHAPTER 2

La lettre

— Je suis désolé l'ami.
Hassan a une expression peinée
et son visage est couvert de
suie. — Quand je suis arrivé en
5 France, je n'avais rien ni
personne. Je n'avais ni un sou
ni à manger…

— De quoi parles-tu, Hassan ?
10 Et qu'est-ce qu'il y a à « La
Reine » ?

Il ne m'écoute pas, mais il
continue de parler doucement :
15 — Je n'ai pas le droit de te
parler de ta famille, ce sont tes
affaires.
C'est comme s'il parlait tout
seul. Il est difficile de le
20 comprendre avec tout le bruit
provenant des pompiers et de
l'ambulance. « Ce ne sont pas
mes affaires… » il murmure.

25 — Mais, mon ami, je ne
comprends pas ! Tu dois
m'expliquer ce que tu veux
dire. Comment est-ce que nous
pouvons mettre un terme à tout
30 ça ?

"I'm sorry mate." Hassan has a
pained expression and his face
is covered in soot.
"When I arrived in France, I
had nothing and no one. I didn't
have a penny nor anything to
eat..."

"What are you talking about,
Hassan? And what's in La
Reine?"

He's not listening to me but
continues speaking softly. "I
don't have the right to tell you
about your family, that's your
business."
It's like he's talking to himself.
It's hard to understand him with
all the noise from the fire
brigade and the ambulance.
"It's none of my business…" he
murmurs.

"But, my friend, I don't
understand! You have to
explain to me what you mean.
How can we put an end to all
this?"

Hassan baisse la tête et Rémy
sort de la serviette. Le rat lève
le visage comme s'il embrassait
son propriétaire. L'infirmière
5 nous regarde avec intérêt et
j'acquiesce pour dire que nous
allons bien.

Physiquement nous allons bien,
10 mais émotionnellement...
— Quand je suis arrivé en
France, Hassan dit en caressant
Rémy, j'ai rencontré Fernand
dans un bar et je lui ai dit que je
15 cherchais un emploi. Je n'avais
pas d'argent et je ne pouvais
pas retourner dans mon pays…
Fernand m'a invité à travailler
avec lui et son patron.
20

— Albert, je dis. L'infirmière
me tend une bouteille d'eau et
je prends une gorgée.
— Oui, Albert. Il avait besoin
25 de quelqu'un qui parlait des
langues, pour communiquer
avec… ses clients… alors il m'a
embauché.

Hassan lowers his head and
Rémy comes out of the towel.
The rat raises his face as if he
were giving his owner a kiss.
The nurse looks at us with
interest and I nod to say we're
okay.

Physically we are fine, but
emotionally...
"When I arrived in France,"
Hassan says, caressing Rémy,
"I met Fernand in a bar and told
him I was looking for a job. I
had no money and I couldn't go
back to my country… Fernand
invited me to work with him
and his boss."

"Albert," I say. The nurse
hands me a bottle of water and
I take a sip.
"Yes, Albert. He needed
someone who spoke languages,
to communicate with…his
clients…so he hired me."

— Quels clients ? Je passe la bouteille d'eau à Hassan.

— Les Russes. Dans mon pays on étudie les langues les plus utiles, les langues des touristes : l'anglais, l'allemand, le français… le russe… J'ai seulement un peu aidé. Il me regarde droit dans les yeux.

— Je n'ai rien fait d'illégal… Quand tu es arrivé à Toulouse, tu m'as dit que tu étais ici pour rendre visite à ton oncle.

— Nous avons décidé de partager une chambre car je connaissais Fernand et Valentina et ils nous ont fait un bon prix. Tu te souviens ? Je secoue la tête. Je ne me souviens de rien.

— Mais Fernand t'a reconnu, Sam, et il a compris pourquoi tu étais à Toulouse… Albert lui avait dit qu'un étranger venait à Toulouse pour lui voler son argent. Je savais que tu étais en danger. J'avais très peur d'Albert, mais j'ai essayé de te prévenir.

"What customers?" I pass the water bottle to Hassan.

"Russians. In my country one studies the most useful languages, the languages of the tourists: English, German, French…Russian… I only helped a little." He looks me straight in the eye. "I didn't do anything illegal… When you arrived in Toulouse, you told me you were here to visit your uncle."

"We decided to share a room because I knew Fernand and Valentina and they gave us a good price. Do you remember?" I shake my head. I don't remember anything.

"But Fernand recognised you, Sam, and he realised why you were in Toulouse… Albert had told him that a foreigner was coming to Toulouse to steal his money. I knew you were in danger. I was very afraid of Albert, but I tried to warn you.

C'est moi qui ai écrit le message sur le mur de notre chambre… mais maintenant… il dit en regardant l'auberge en flammes. Maintenant, nous devons mettre fin à cette histoire. C'est devenu trop dangereux.

À ce moment-là, Valentina apparaît parmi la foule qui regarde curieusement ce qui se passe. Elle a des larmes sur les joues. Je me lève et je la serre dans mes bras.
— Merci Sam. Je vais bien... plus ou moins... Et toi, ça va ?

Quand j'entends la question de Valentina, j'ai envie de rire aux éclats... ou de pleurer.
— Un peu agité, vraiment. Je m'habitue à ce que les gens veuillent me tuer… Je suis vraiment désolé que mon histoire t'affecte, Valentina. Et Fernand, est-ce qu'il va bien ?

Valentina hoche la tête et me rend un gros câlin. Puis elle pose une main sur l'épaule d'Hassan.

I was the one who wrote the message on the wall of our room… but now…" he says, looking at the burning inn. "Now, we have to end this story. It has become too dangerous".

At that moment, Valentina appears amongst the crowd who are watching what is going on with curiosity. She has tears on her cheeks. I get up and hug her.
"Thanks Sam. I'm fine... more or less... And you, are you okay?"

When I hear Valentina's question, I feel like laughing out loud... or crying.
"A bit agitated, really. I'm getting used to people wanting to kill me… I'm very sorry that my story is affecting you, Valentina. And Fernand, is he okay?"

Valentina nods and returns another big hug. Then she puts a hand on Hassan's shoulder.

— Personne n'est blessé, tous
les invités sont sortis à temps,
comme nous. Merci de ton
aide, mais le bâtiment... notre
5 entreprise... notre maison... est
complètement détruit.

Nous regardons pendant que les
pompiers entrent et sortent de
10 l'auberge avec leurs haches et
leurs tuyaux d'incendie. Les
fenêtres sont brisées et les murs
noirs de fumée.

15 — Fernand est avec la police.
Nous ne savons pas comment
l'incendie a commencé, mais la
police, elle va enquêter.

20 Valentina s'assied avec nous et
je mets mon bras autour de ses
épaules.
— Ça ne peut pas être une
coïncidence qu'Albert ait
25 essayé de nous brûler vifs hier
et puis qu'aujourd'hui, l'auberge
brûle, n'est-ce pas ?

Yuki et Joanna arrivent et
30 regardent la scène avec
étonnement.

"No one is hurt, all of the
guests got out on time like us.
Thank you for your help, but
the building… our business…
our house… is completely
destroyed."

We watch as the firemen run in
and out of the inn with their
axes and hoses. The windows
are broken and the walls black
from smoke.

"Fernand is with the police. We
don't know how the fire started,
but they're going to
investigate."

Valentina sits down with us,
and I put my arm around her
shoulders.
"It can't be a coincidence.
Albert tried to burn us alive
yesterday and then today the
inn burns down, right?"

Yuki and Joanna arrive and
look at the scene in
astonishment.

Nous leur disons ce qui se
passe et Yuki sort son
téléphone pour enregistrer une
vidéo. Elle ne veut pas
5   manquer une minute de l'action.
Joanna est inquiète et va nous
chercher du café et quelque
chose à manger. Elle revient
dix minutes plus tard avec du
10 café et des viennoiseries, pour
changer…

— Où allons-nous dormir ?
Valentina demande
15 désespérément, les yeux rouges
d'avoir pleuré. L'auberge est
tout ce que nous avons. Mon
père est mort il y a deux ans, et
depuis, nous avons travaillé
20 jour et nuit pour avoir une
maison et un peu d'argent pour
vivre. Maintenant, nous n'avons
plus rien... que des cendres.

25 — Allez, chérie, Joanna dit en
souriant doucement. Venez
chez moi, vous pouvez prendre
une douche et vous reposer un
peu. Restez aussi longtemps
30 que vous en avez besoin.
L'assurance arrangera tout, tu
verras.

We tell them what's going on
and Yuki takes out her phone to
record a video. She doesn't
want to miss a minute of the
action.
Joanna is worried and goes to
get coffee and something to eat
for us. She returns ten minutes
later with coffee and pastries,
for a change…

"Where are we going to sleep?"
Valentina asks desperately, her
eyes red from crying. "The inn
is all we have. My father died
two years ago and since then
we have worked day and night
to have a home and some
money to live on.
Now we have nothing... only
ashes."

"Come on, sweetie," Joanna
says, smiling kindly. "Come to
my house, you can take a
shower and rest up a bit. Stay
as long as you need. The
insurance will fix everything,
you'll see."

— L'assurance ? Valentina
répète sarcastiquement. Joanna,
l'assurance était trop chère…
Nous n'avons pas d'assurance !
5 sanglote Valentina.

Inquiète, l'Allemande me
regarde et fait un câlin à
Valentina.
10 — Ne t'inquiète pas, Valentina,
on va s'occuper de toi, je lui
dis.

Le ciel est teint de couleurs,
15 rose et violet ; bien que le soleil
ait timidement commencé à se
lever, il y a encore une lune
pâle qui nous regarde. Je sais
que ça va être une autre journée
20 chaude, longue et dure. Je
regarde l'heure sur mon
téléphone : il est huit heures du
matin.

25 La journée vient juste de
commencer pour la plupart des
gens, mais nous sommes restés
éveillés pendant des heures en
regardant le feu consumer
30 l'auberge.

"Insurance?" Valentina repeats
sarcastically. "Joanna, the
insurance was too expensive…
We don't have insurance!"
Valentina sobs.

Concerned, the German looks
at me and gives Valentina a
hug.
"Don't worry, Valentina, we're
going to take care of you," I tell
her.

The sky is bled with colours,
pink and purple; although the
sun has tentatively begun to
rise, there is still a pale moon
watching us. I know it's going
to be another hot, long, hard
day. I look at the time on my
phone: it's eight in the morning.

The day has just begun for
most people, but we have been
awake for hours watching the
fire consume the inn.

Dans la rue où nous nous trouvons, différents commerces commencent à s'ouvrir : la boulangerie, la boucherie... et un groupe de maçons passe en chemin en se dirigeant vers le chantier au bout de la rue.

Je regarde l'état de l'auberge où les pompiers travaillent encore. Les maçons vont avoir plus de travail par ici, je me dis amèrement.

Je sors mon portefeuille et regarde la photo de « Lorena ». Ce serveur m'a dit que ce n'était pas « Lorena » mais « La Reine » et Hassan vient de me dire que je dois aller à La Reine, mais… qu'est-ce que c'est ? Où est-ce ?

Je vais sur la place avec Hassan et commande un autre café. Nous nous asseyons et je lui demande : — Tu dois me dire mec, c'est quoi La Reine ? Et pourquoi tu penses que je dois y aller ?

In the street where we are, different businesses begin to open: the bakery, the butcher's shop... and a group of bricklayers passes by on their way to the building site at the end of the street.

I look at the state of the inn where the firefighters are still working. The builders are going to have more work around here, I tell myself bitterly.
I take out my wallet and look at the photo of "Lorena". That waiter told me that it's not "Lorena" but "La Reine" and Hassan just told me that I have to go to La Reine, but… what is it? Where is it?

I go to the square with Hassan and order another coffee. We sit down and I ask him: "You have to tell me man, what is La Reine? And why do you think I have to go there?"

Les cafés arrivent et Hassan
penche la tête.
— La Reine est une pizzeria
dans la vieille ville. C'est à côté
5   d'une école privée.

Il sort un crayon et dessine une
carte sur une serviette.

10   Tout autour de nous, les forains
mettent déjà en place toutes les
attractions pour les fêtes : autos
tamponneuses, le Train
Fantôme, matchs de foot, de
15   basket et de boxe.

Il y a aussi des stands de
nourriture et des bars.
De l'autre côté de la place,
20   Paulette, la sans-abri, donne
des miettes aux pigeons.

— Est-ce que tu as déjà lu la
lettre ? Hassan me demande et
25   je secoue la tête. —Tu as peur ?

—Peur ? Je ne sais pas Hassan.
Mon monde semble changer
trop vite, tu ne trouves pas ?

The coffees arrive and Hassan
cocks his head.
 "La Reine is a pizzeria in the
old town. It is next to a private
school."

He takes out a pencil and draws
a map on a napkin.

All around us, the carnies are
already setting up the
attractions for the festival:
bumper cars, the Ghost Train,
soccer, basketball and boxing
games.

There are also food stalls and
bars. On the other side of the
square, Paulette, the homeless
lady, is feeding crumbs to the
pigeons.

"Have you read the letter yet?"
Hassan asks me. I shake my
head. "Are you afraid?"

"Afraid? I don't know Hassan.
My world seems to be changing
too fast, don't you think?

Un jour, je suis un touriste qui apprend le français dans une ville pittoresque et le lendemain, un gangster essaie de me tuer. Puis j'apprends que mon père est mort et maintenant…

Je le regarde dans les yeux en me souvenant qu'il m'a aussi menti.

Il semble que personne n'est en sécurité en ma compagnie maintenant.

— Honnêtement, je ne sais pas si je veux en savoir plus sur ce « Sam Hart » que je suis supposé être.

— Je sais, mec. Je sais. Mais tu sais aussi que tu as de bons amis. Que tu parles bien français, que tu joues du cajon, et qu'une fille très mignonne t'aime beaucoup…

Je souris. Hassan a raison. J'adore mes amis, j'adore la musique française et… bon, il y a aussi Valentina. Je l'adore.

One day I am a tourist learning French in a picturesque city and the next day a gangster is trying to kill me; then I find out that my father is dead and now…"

I look into his eyes remembering that he also lied to me.

It seems that no one is safe in my company now.

"I don't honestly know if I want to find out more about this "Sam Hart" that is me, supposedly."

"I know, man. I know. But you also know that you have good friends. That you speak French well, that you play the cajon, and that a very cute girl likes you a lot…"

I smile. Hassan is right. I love my friends, I really like French music and… well, there is Valentina as well. I adore her.

— La lettre ne changera pas qui tu es. Tu es Sam. Tu es mon ami. Mais ce que la lettre fera, c'est donner des réponses à
5 certaines de tes questions.

— Peut-être mec. Mais je la lirai quand je suis prêt… D'abord, je veux aller à cet
10 endroit. Je pointe la pizzeria sur la carte qu'il vient de me faire
— Je vais aller chercher « La Reine ».
— Tu veux que je vienne avec
15 toi Sam ?

Je dis « non », je respire profondément, et je me lève.

20 — À tout à l'heure mon ami. Je marche vers la gauche et j'entends Hassan rire.

— C'est par là, mec, il dit en
25 pointant une rue sur la droite
— Fais attention, l'ami. Nous vivons des jours assez fous par ici.

"The letter won't change who you are. You are Sam. You're my friend. But what the letter will do is give you some of the information you are looking for."
"Maybe, man. But I'll read it when I'm ready… First, I want to go to this place."
I point to the pizzeria on the map he just made me.
"I'm going to look for *La Reine.*"
"Do you want me to go with you, Sam?"

I say *no,* take a deep breath, and stand up.

"I'll see you, mate." I walk to the left and hear Hassan laugh.

"It's over there, man," he says, pointing to a street to the right. "Be careful, friend. We are living some pretty crazy days around here…"

Je traverse la place et croise un
groupe de gitans assis sur l'un
des manèges, en train de fumer
des cigarettes. Je leur dis
5 « salut » et ils me sourient en
levant la main et en hochant la
tête.

Je remonte la rue qui va vers la
10 cathédrale. Je ressens de la peur
dans mon ventre. Je me
souviens avoir été dans les
entrailles de l'ancienne
cathédrale avec un groupe de
15 criminels et leur chien qui me
pourchassaient. J'espère ne
jamais avoir à retourner à la
cathédrale.

20 Je tourne à gauche dans une rue
qui s'appelle La Rue Croix
Baragnon. Elle est très étroite
et les bâtiments sont en pierre
et ont l'air très vieux.
25
Devant moi se trouve un
bâtiment aux murs jaunes. Il a
une vieille porte en bois
décolorée. Au-dessus de la
30 porte se trouve un panneau qui
dit « La Reine ».

I cross the square and come
across a group of gypsies who
are sitting by one of the rides
smoking cigarettes. I say *hi* to
them and they smile at me as
they raise their hands and nod.

I go up the street towards the
cathedral. I feel the fear in my
stomach. I remember being in
the bowels of the old cathedral
with a group of criminals and
their dog chasing me. I hope I
never have to go back to the
cathedral.

I turn left onto a street called
La Rue Croix Baragnon. It is
very narrow, and the buildings
are made of stone and look
very old.

In front of me is a building with
yellow walls. It has an old
wooden door that is
discoloured. Above the door is
a sign that says *La Reine.*

Je me dirige vers la porte, mais
je m'arrête avant de frapper. Je
ne sais pas quoi faire. « Qui
sera à l'intérieur ? Ami ou
5   ennemi ? » Je sens un frisson
me parcourir le dos.

— Ouvert à dix heures, dit une
voix derrière moi. Je me
10   retourne et je vois que c'est le
facteur. — Ils vendent de très
bonnes pizzas. Le cuisinier est
un génie !

15   Le facteur laisse une pile de
lettres sur le pas de la porte et
repart avec un joyeux « au
revoir ! ».

20   Sans le vouloir, je vois le nom
sur la première lettre. Ça dit
seulement « Le propriétaire ».
Je regarde autour de moi. Il n'y
a personne. Je retiens mon
25   souffle et je frappe à la porte.
Personne ne répond. Qu'est-ce
que je fais ?

Il est neuf heures du matin et je
30   n'ai pas envie d'attendre ici une
heure entière. Je frappe de
nouveau à la porte, mais
personne ne répond.

I go to the door, but stop
myself before knocking. I don't
know what to do.
*Who will be inside? Friend or
foe?* I feel a chill go down my
spine.

"Opens at ten," says a voice
behind me. I turn and see that it
is the postman. "They sell very
good pizzas. The cook is a
legend!"

The postman leaves a pile of
letters on the doorstep and
leaves with a cheerful
"goodbye!"

Inadvertently, I see the name
on the first letter. It just says
"The owner".
I look around me. No one. I
hold my breath and knock on
the door. Nobody answers.
What do I do?

It's nine in the morning and I
don't feel like waiting here for a
whole hour. I knock on the
door again, but no one answers.

Je m'assieds par terre pour attendre et je me souviens de la lettre. Je la sors et la regarde attentivement.

I sit on the floor to wait, and I remember the letter. I take it out and look at it carefully.

5

Je suis nerveux, mais je n'ai rien à faire à part attendre une longue heure pénible. Quelles informations peut-elle contenir à mon sujet ? Je ne reconnais ni le nom ni l'adresse, seulement l'expéditeur.

I'm nervous, but I have nothing to do but wait for a long, painful hour. What information about me does it contain? I don't recognise the name or the address, only the sender.

10

Lentement, j'ouvre l'enveloppe et je sors la lettre. Bien que l'écriture ne me soit pas familière, dans mon cœur, je sais que c'est l'écriture de Sam Hart. Mon écriture. Je commence à lire.

Slowly, I open the envelope and take out the letter. Although the handwriting is unfamiliar to me, in my heart, I know that it is Sam Hart's handwriting. My handwriting. I start to read.

15

20

Chère madame Aguilar,

Dear Mrs. Aguilar,

Je suis Sam. Vous ne me connaissez pas, et je ne vous connais pas. Je vis en Angleterre avec mon père.

I'm Sam. You don't know me, and I don't know you. I live in England with my father.

25

Il est très malade et je ne sais pas exactement combien de temps il lui reste.

He is very sick and I don't know exactly how much time he has left.

30

Je n'ai jamais connu ma mère, mais mon père m'a dit qu'elle vit en France.

I have never met my mother, but my father says that she lives in France.

5 *Il m'a aussi dit que je devrais vous parler. Que vous connaissez ma mère. Il m'a donné une photo et je pense que c'est celle de ma mère.*

He also told me that I should talk to you. That you know my mother. He gave me a photo and I think it's of my mother.

10

Elle s'appelle Lorena ? Je viens de terminer le collège et j'aimerais voyager en France pour la rencontrer.

Is her name Lorena? I just finished school and I would like to travel to France to meet her.

15

Je vous prie de me répondre aussi vite que possible.

Please answer me as soon as possible.

Cordialement,

Kind regards,

20

Monsieur Sam Hart.

Mr Sam Hart.

Je finis de lire la lettre et je respire profondément.

I finish the letter and take a deep breath.

25

Je ne connais pas ma mère, c'est pour cela que je suis venu en France. Je suis ici à la recherche de ma mère. Mon

I don't know my mother, that's why I came to France. I'm here looking for my mother. My

30 père était malade et maintenant il est mort. Cependant, ma mère est ici, en France.

father was sick and now he is dead. However, my mother is here, in France.

Une voix interrompt mes pensées et je vois qu'une femme se tient debout devant moi.

5

— Salut Sam ! Il est un peu tôt pour le déjeuner, n'est-ce pas ? Qu'est-ce que tu fais ici ?

A voice interrupts my thoughts and I see that a woman is standing in front of me.

"Hello Sam! It's a little early for lunch, isn't it? What are you doing here?"

CHAPTER 3

La Reine

Je me lève, la lettre toujours
dans les mains, et je regarde la
femme. Elle a de longs cheveux
blonds et bouclés.

5

— Qu'est-ce que tu fais ici,
Sam ? Je la reconnais
immédiatement parce que je lui
ai parlé plusieurs fois.

10

— Mademoiselle ? Qu'est-ce
que vous faites ici ? je lui
demande et elle me sourit.
— Qu'est-ce que tu es ? Un
15 perroquet ? Elle rit en
s'approchant de la porte. Tu
veux entrer ?
Elle ouvre la porte avec un
trousseau de clés et nous
20 entrons dans la pizzeria. À
l'intérieur, il y a une grande
salle avec un bar au milieu.

Derrière le bar, il y a un four en
25 pierre qui a l'air très vieux ; tout
autour, il y a des tables et des
chaises avec des menus dessus.

Je respire l'odeur de romarin et
30 de thym qui se répand dans la
pièce. De l'autre côté du
restaurant, je vois une porte qui
mène à la cuisine.

I get up with the letter still in
my hands and look at the
woman. She has long, curly,
blond hair.

"Sam, what are you doing
here?" I recognise her
immediately because I have
spoken to her many times.

"Miss? What are you doing
here?" I ask her and she smiles
at me.
"What are you? A parrot?"
She laughs as she approaches
the door. "You want to come
in?"
She opens the door with a
bunch of keys, and we enter the
pizzeria. Inside there is a large
room with a bar in the middle.

Behind the bar is a stone oven
that looks very old; all around,
there are tables and chairs with
menus on them.

I breathe in the smell of
rosemary and thyme spreading
through the room. On the other
side of the restaurant, I see a
door that leads to the kitchen.

J'ai l'impression qu'il y a une
autre sortie par-là, car j'entends
clairement les voitures qui
passent et les bruits habituels
5 de la ville, bien que la porte par
laquelle je viens d'entrer soit
fermée.

— Assieds-toi, la femme me
10 dit, et je m'assieds sur un
tabouret près du bar.
— Renata, je lui dis en
regardant attentivement son
visage.
15 — Oui, mon cher. Comment
puis-je t'aider ? elle me dit alors
qu'elle va derrière le bar.
— J'ai eu quelques jours
difficiles. Et vous ? Tout va
20 bien ?
— Non, enfin oui, enfin je ne
sais pas...
— Tiens. Renata me tend un
verre d'eau. — Dis-moi ce qui
25 se passe. Je peux peut-être
t'aider.
Je bois une gorgée d'eau et
j'essaie de rassembler mes
pensées.
30

— Je ne m'attendais pas à vous
voir ici, Mademoiselle.

I get the impression that there
is another exit that way because
I can clearly hear the passing
cars and the usual city noise
despite the fact that the door
through which I just entered is
closed.

"Sit down," the woman says,
and I sit on a stool by the bar.

"Renata," I tell her, looking at
her face carefully.

"Yes dear. How can I help?"
She tells me as she goes behind
the bar.
"I've had a couple of tough
days. And you? All good?"

"No, well yes, well I don't
know..."
"Here." Renata hands me a
glass of water. "Tell me what's
up. Maybe I can help."

I take a sip of water and try to
collect my thoughts.

"I didn't expect to see you here,
Miss."

Renata rit à nouveau. — Oui,
mon cher.
— Vous travaillez aussi dans ce
restaurant ?
5 — Je suis professeure, mais je
travaille aussi au restaurant.
— Vous êtes serveuse ?
— Serveuse, cuisinière,
caissière, femme d'affaires... Je
10 fais beaucoup de choses. Tu
vas me dire ce qui se passe ?
Je prends la photo et je la pose
sur le bar.
— Attends, jeune homme. J'ai
15 besoin de mes lunettes. Je suis
myope comme une taupe !

L'odeur du restaurant m'est
familière, comme si j'étais déjà
20 venu ici. Pendant que Renata
va chercher ses lunettes,
j'examine à nouveau la photo.
La femme sur la photo me
semble également familière.

25

Elle a des lunettes, des cheveux
noirs très raides et elle est très
jeune.
Renata revient, elle doit avoir
30 environ trente-cinq ans.

Renata laughs again. "Yes,
dear."
"Do you also work in this
restaurant?"
"I'm a teacher, but I also work
in the restaurant."
"Are you a waitress?"
"Waitress, cook, cashier,
businesswoman… I do lots of
things. Are you going to tell me
what's going on?"
I take the photo and put it on
the bar.
"Hang on, love. I need my
glasses. I'm blind as a *bat!"
*literally "a mole"

The smell of the restaurant is
familiar to me, like I've been
here before. As Renata goes to
get her glasses, I examine the
photo again. The woman in the
photo also looks familiar to me.

She has glasses, very straight
black hair and is very young.

Renata comes back, she must
be about thirty-five years old.

Elle met ses lunettes et attache ses cheveux blonds bouclés en queue de cheval. — Voyons, mon cher. Que veux-tu me montrer ?

Je vois que Renata s'est fait tatouer un symbole chinois derrière l'oreille.

Je me dis qu'il est intéressant qu'une enseignante soit tatouée.

Je lui dis que j'ai trouvé la photo et que je suis curieux de savoir de qui il s'agit. J'ai peur de lui raconter toute l'histoire après tout ce qui s'est passé à La Cassole et à l'Auberge de Saint-Sernin.

Renata prend la photo et la regarde pendant une éternité sans rien dire.
— Vous savez qui c'est, Mademoiselle ? Je veux savoir si elle vit à Toulouse... et j'aimerais la retrouver...
Enfin, Renata lève les yeux et soupire. — Cela me rappelle des souvenirs d'une époque révolue. La fille sur la photo...

She puts on her glasses and ties her curly blond hair in a ponytail. "Let's see, sweetie. What do you want to show me?"

I see that Renata has a tattoo of a Chinese symbol behind her ear.

Interesting that a teacher has tattoos, I think to myself.

I tell her that I found the photo and I'm curious to know who it is. I'm scared to tell her the whole story after everything that happened at La Cassole and at l'Auberge de Saint-Sernin.

Renata takes the photo and looks at it for an eternity without saying anything.
"Do you know who it is, Miss? I want to know if she lives in Toulouse... and I would like to find her..."
Finally, Renata looks up and sighs. "It brings back memories of a time gone by. The girl in the photo..."

— Oui, je dis, impatient.
— La jeune fille était jeune et innocente. Une fille de bonne famille, mais intoxiquée par les apparences et le « qu'en dira-t-on ». Elle hésite un instant.

— Et pourquoi tu me poses des questions sur cette fille ? elle me demande, la voix calme, détendue.
J'hésite un instant, puis je réponds : — C'est à cause de mon père. Je crois que les deux se connaissent.
— Mmm... Voyons voir... Sur la photo, cette fille est heureuse. Elle vient d'apprendre qu'elle était enceinte. — Je respire profondément. — Mais... peu de temps après, elle a tout perdu.
Renata se tourne et me demande si je veux manger quelque chose sans me regarder.
— Et vous la connaissez, Mademoiselle ? Vous savez où elle habite ?
— C'est tellement compliqué... Cette fille sur la photo n'existe plus.

"Yes," I say, feeling impatient.
"The girl was young and innocent. A girl from a good family, but intoxicated by appearances and *what will others think.* She hesitates for a moment.
"And why are you asking about that girl?" she asks me, her voice calm, relaxed.

I hesitate for a moment but finally say, "It's because of my father. I think the two know each other."
"Mmm… Let me see… In the photo that girl is happy. She just found out she was pregnant."
I take a deep breath.
"But… shortly after, she lost absolutely everything."

Renata turns and asks me if I want to eat something without looking at me.

"And do you know her, Miss? Do you know where she lives?"

"It's so complicated... That girl in the photo, no longer exists.

Elle a été abandonnée, oubliée
dans le passé. Sa famille ne
voulait pas qu'elle ait le bébé.
Elle a dû le donner... Elle hésite
5 encore en allumant le four. Elle
a dû donner le bébé en
adoption. Je souhaite qu'elle
puisse changer le passé.

10 — Le passé ne peut pas être
changé, Mademoiselle. — Je
regarde les flammes dans le
four et je sens mon cœur battre
dans ma poitrine. — Mais vous
15 pouvez faire ce qu'il faut dans
le présent.

Je me sens frustré . Cela fait
des jours que j'enquête, que
20 j'essaie de savoir qui je suis et
d'où je viens, et les gens ne me
donnent toujours pas de
réponses directes.

25 — Vous la connaissez,
Mademoiselle ? Oui ou non ?

Renata me regarde dans les
yeux. Derrière ses lunettes, je
30 vois qu'elle a les larmes aux
yeux. — Pourquoi vous ne
voulez pas me répondre ?

She was left, forgotten in the
past. Her family did not want
her to have the baby. She had
to give it…" She hesitates
again as she turns on the oven.
"She had to give the baby up
for adoption. I wish she could
change the past."

"The past cannot be changed,
Miss." I look at the flames in
the oven and feel my heart
pounding in my chest. "But you
can do the right thing in the
present."

I'm feeling frustrated. I've been
investigating for days, trying to
find out who I am and where I
come from, and people still
don't give me straight answers.

"Do you know her, Miss? Yes
or no?"

Renata looks me in the eye.
Behind the glasses, I see that
she has tears in her eyes.
*Why don't you want to answer
me?*

Vous protégez quelqu'un ?
Vous avez peur de quelque
chose ?
Finalement, elle dit : — Oui, je
la connais, Sam. Je la connais
très bien. Aujourd'hui, c'est une
personne très différente de celle
de la photo. Elle est maintenant
la principale responsable de sa
famille : elle a hérité d'une
grande maison de son père et
possède une entreprise. La
maison se trouve dans une ville
près d'ici. — Elle hésite un
instant.
— Maintenant elle a tout ce
qu'il faut pour être une femme
heureuse, mais sa vie est… est
compliquée, comme je te l'ai
dit.

— Eh bien, je veux la voir. Je
veux savoir pourquoi sa vie est
compliquée. Moi aussi, j'ai une
vie assez compliquée, mais je...
je n'ai plus de famille. Je n'ai
personne. Mon père vient de
mourir et je n'ai jamais
rencontré ma mère. Je n'ai ni
frères ni cousins, mais je me
suis trouvé beaucoup d'ennemis
ici à Toulouse et je ne
comprends pas pourquoi.

*Are you protecting someone?
Are you afraid of something?*

Finally she says, "Yes, I know
her, Sam. I know her very well.
Today she's a very different
person from the one in the
photo. Now she is the main
person in charge of her family:
she has inherited a big house
from her father and has a
business. The house is in a
town near here." She hesitates
for a moment.

"Now she has everything she
needs to be a happy woman,
but her life is…it's complicated
as I told you."

"Well, I want to see her. I want
to know why her life is
complicated. I also have a
pretty complicated life, but I…
I don't have a family anymore.
I have no one. My father just
died and I have never met my
mother. I don't have any
brothers or cousins, but I have
found lots of enemies here in
Toulouse and I don't
understand why."

L'excitation me laisse à bout de
souffle.
J'attends que Renata parle. Elle
tient la photo dans ses mains.
5 Elle semble essayer de se
souvenir de quelque chose.

— Ton père est mort ? Elle me
regarde droit dans les yeux,
10 puis regarde par la fenêtre.
— Je suis vraiment désolée. Et
tu as raison, tu as le droit de
connaître la vérité. Je connais
la fille sur la photo et je vais te
15 dire l'honnête vérité, mais tu
dois être patient et ne juger
personne avant la fin de
l'histoire. D'accord ?
On frappe à la porte de la
20 cuisine.
— J'attends une livraison.
Donne-moi cinq minutes,
Renata dit. Elle laisse la photo
sur le comptoir et disparaît dans
25 la cuisine.
Je prends la photo et la regarde
avec intérêt. La fille sur la
photo est jolie, avec ses
cheveux noirs raides et ses
30 yeux verts. Elle porte des
boucles d'oreilles, un tee-shirt
blanc et un jean.

The excitement leaves me
breathless.
I wait for Renata to speak. She
has the photo in her hands.
She seems to be trying to
remember something.

"Your father died?" She looks
me square in the eye, then
looks out the window. "I'm
really sorry. And you're right,
you have the right to know the
truth. I know the girl in the
photo, and I am going to tell
you the honest truth, but you
have to be patient and you must
not judge anyone until the end
of the story. OK?"
Someone knocks on the kitchen
door.
"I'm waiting for a delivery.
Give me five minutes," Renata
says. She leaves the photo on
the counter and disappears
through into the kitchen.
I take the photo and look at it
with interest. The girl in the
photo is pretty, her straight
black hair and green eyes. She
is wearing earrings, a white T-
shirt and jeans.

J'entends un bruit dans la
cuisine. J'imagine que la
livraison que Renata attendait
est arrivée et qu'ils sont en train
5   de ranger.

Je regarde la photo encore plus
attentivement et j'ai le souffle
coupé. La fille sur la photo a un
10 tatouage derrière l'oreille.
C'est difficile à voir, mais on
dirait le même tatouage que
Renata.
De la cuisine, j'entends d'autres
15 bruits. Qu'est-ce qu'ils font ? Je
couvre les cheveux de la fille
sur la photo et je respire
profondément. Sans ses
cheveux noirs et raides, la fille
20 de la photo ressemble à Renata.

Est-il possible que la fille sur la
photo soit Renata ?

25 De la cuisine, j'entends le bruit
d'une porte qui claque et le
crissement de pneus.

Je me lève et me dirige
30 rapidement vers la porte de la
cuisine.

I hear a noise in the kitchen. I
imagine that the delivery that
Renata was waiting for has
arrived and they're putting
things away.

I look at the photo even more
carefully and my breath
catches. The girl in the photo
has a tattoo behind her ear.
It's hard to see, but it looks like
the same tattoo Renata has.

From the kitchen, I hear more
noises. *What are they doing?* I
cover the girl's hair in the photo
and take a deep breath. Without
the straight black hair, the girl
in the photo looks just like
Renata.

*Is it possible that the girl in the
photo is Renata?*

From the kitchen I hear the
sound of a door slamming and
the screech of tires.

I get up and quickly head to the
kitchen door.

J'entends un klaxon au loin et,
par la porte arrière, je vois une
voiture verte disparaître dans la
vieille ville.

I hear a car horn in the
distance, and through the back
door, I see a green car
disappearing through the old
town.

CHAPTER 4

Appelons la police

Je reste dans la rue pendant un
long moment, respirant
rapidement. « Qu'est-ce qui se
passe ? Est-ce que Renata serait
ma mère ? Vraiment ? Ma
professeure de français ? »

Je regarde la photo encore une
fois. C'est Renata, je suis
convaincu. « Comment est-il
possible que j'aie eu cours avec
elle pendant presque une
semaine sans la reconnaître ? Et
pourquoi est-ce qu'elle m'a fait
adopter ? Si c'est ma mère,
j'aurais pensé qu'elle aurait
essayé de me retrouver à un
moment donné.
J'ai l'impression qu'elle est en
danger et que je dois faire
quelque chose pour l'aider ». Je
cours dans la direction de la
voiture verte. Il fait chaud et au
bout d'une minute je transpire
déjà comme un bœuf.

J'essaie de deviner où ils sont
allés ; je tourne à droite et à
gauche. À droite une nouvelle
fois… Les ruelles sinueuses de
cette ville rendent cela
impossible.

I stand in the street for a long
time, my breathing rapid.
*What's going on? Could Renata
be my mother? Really? My
French teacher?*

I look at the photo again. It is
Renata, I'm convinced.
*How is it possible that I've had
class with her for almost a
week without recognising her?
And why did she give me up for
adoption? If she is my mother, I
would have thought that she
would have tried to find me at
some point.*

I get the impression that she is
in danger, and I have to do
something to help her.
I run in the direction the green
car went. It's hot and after just a
minute I'm already sweating
like *a pig.
literally 'a bullock'

I try to guess where they went;
I turn right and then left. To the
right again… The winding
alleys of this city make it
impossible.

Je ne suis pas devin. Je n'ai aucune idée où ils sont allés.

Et à ce moment précis, j'ai une prémonition J'espère que je me trompe... mais peut-être qu'ils sont allés à La Cassole ? L'endroit où Albert a essayé de nous tuer. Je ne veux même pas penser à y retourner. Cet endroit est un nid de vipères.

Je soupçonne qu'Albert a quelque chose à voir avec l'incendie qui s'est déclaré hier soir à l'auberge. Si j'ai raison, j'ai besoin d'aide.
Je sors mon téléphone pour appeler la police, mais je me souviens de la photo de l'agent Victor à La Cassole. Victor et Albert sont amis. Si j'appelle Victor, j'ai peur qu'il parle à Albert.

Je décide d'appeler Hassan. Hassan dit qu'il est sur la place en train de jouer de la guitare. J'y vais.
Quand j'arrive sur la place, Hassan joue avec le groupe de gitans que j'ai vu ce matin-là.

I am not a mind reader.
I have no idea where they've gone.
And at that exact moment, I have a premonition... I hope I'm wrong... but maybe they went to La Cassole?
The place where Albert tried to kill us. I don't even want to think about going back there. That place is a vipers nest.

I suspect that Albert has something to do with the fire that started last night at the inn. If I'm right, I need help.

I take out my phone to call the police, but I remember the photo of agent Victor in La Cassole. Victor and Albert are friends. If I call Victor, I'm afraid he's going to talk to Albert.

I decide to call Hassan.
Hassan says that he is in the square playing the guitar. I'm on my way.
When I get to the square, Hassan is playing with the group of gypsies I saw that morning.

Un groupe de touristes et de
jeunes locaux écoutent avec
intérêt. Depuis que le festival a
commencé, il se passe
5 beaucoup de choses. Il y a des
gens qui discutent et des
enfants qui jouent avec des
pistolets à eau. Je remarque
qu'il y a une femme plus âgée
10 aux cheveux blonds qui les
regarde. Elle me semble
familière. Elle porte une montre
en or et des boucles d'oreilles
en diamant.

15

Quand Hassan et ses amis
terminent la chanson, je parle à
Hassan de ce qui vient de se
passer à la pizzeria La Reine.
20 — Est-ce que Renata est ta
mère ?! il me demande
doucement. Ta prof de
français ?! Ce n'est pas
possible !
25 — La lettre dit que la femme
sur la photo est ma mère et
Renata a le même tatouage. Je
ne l'avais pas reconnue, mais
maintenant je pense vraiment
30 que c'est elle.
— Incroyable ! dit Hassan. Il
hésite un instant, puis il dit
—Je suis vraiment désolé, Sam.

A group of tourists and local
youths are listening with
interest. Since the festival
started, there's a lot going on.
There are people chatting and
children playing with water
pistols.
I notice that there's an older
woman with blond hair looking
at them. She seems familiar to
me. She's wearing a gold watch
and diamond earrings.

When Hassan and his friends
finish the song, I talk to Hassan
about what just happened at La
Reine pizzeria.
"Is Renata your mother?!" he
asks me quietly. "Your French
teacher?! It just can't be!"

"The letter says that the woman
in the photo is my mother and
Renata has the same tattoo. I
hadn't recognised her, but now
I really think it's her."

"No way!" Hassan says. He
hesitates for a moment, then
says, "I'm so sorry, Sam."

J'aurais dû dire quelque chose plus tôt, mais je ne voulais pas me mêler de tes histoires de famille. Maintenant je sais que j'avais tort.

Je pose une main sur son épaule. Les gitans sont derrière nous en train de fumer. — Ne t'inquiète pas. Hé, on pourra en parler plus tard, mon pote. Renata est en danger et elle a besoin de notre aide.

J'explique ma théorie selon laquelle Albert a emmené Renata à La Cassole.

— Tu vas appeler la police ? il me demande et je vois l'inquiétude sur son visage. Hassan n'aime pas du tout la police et je commence à comprendre pourquoi.

Je soupire et je dis, — J'ai l'impression que Victor et Albert sont amis. Il ne nous a pas aidés à la cathédrale, ni hier non plus à La Cassole. Nous devons agir seuls.

—Je te comprends, mec. Et les filles ?

"I should have said something sooner, but I didn't want to get involved in your family business. Now I know that I was wrong."

I put a hand on his shoulder. The gypsies are behind us smoking. "No worries. Hey, we can talk about this later, buddy. Renata is in danger, and she needs our help."

I explain my theory that Albert has taken Renata to La Cassole.

"Are you going to call the police?" he asks me, and I see the concern on his face. Hassan doesn't like the police at all and I'm beginning to understand why.

I sigh and say, "I get the impression that Victor and Albert are friends. He didn't help us at all in the cathedral, nor yesterday in La Cassole. We have to do this alone."

"I understand you, man. And the girls?"

— Elles ne peuvent pas retourner à La Cassole, Hassan. C'est trop dangereux.

— Trop dangereux ? Un accent allemand interrompt notre conversation. — Si je me souviens bien, c'est une petite Japonaise qui vous a sauvés hier, les garçons.

Je me retourne et je vois Joanna nous regarder avec frustration. Yuki a un pistolet à eau et elle joue avec des enfants. — Quoi qu'il en soit, vous devez appeler la police. Joanna sort son téléphone portable et cherche le numéro de Victor.

— Attends, Joanna. J'entends le désespoir dans ma propre voix. — C'est juste que, les filles, c'est mon combat. Je ne veux pas vous mettre en danger, d'accord ?

Joanna regarde Yuki qui salue maintenant les gitans et me dit :

— Ce n'est pas ton combat, Sam. Les pompiers disent que quelqu'un a incendié l'auberge la nuit dernière. Ils ont jeté une bouteille pleine d'essence dans la boîte aux lettres. Un cocktail Molotov.

"They can't go back to La Cassole, Hassan. It's too dangerous."

"Too dangerous?" A German accent interrupts our conversation. "If I remember correctly, it was a little Japanese girl who saved you yesterday, boys."

I turn and see Joanna looking at us in frustration. Yuki has a water pistol and is playing with some children. "Anyway, you have to call the police." Joanna pulls out her cell phone and looks up Victor's number.

"Wait, Joanna." I hear the desperation in my own voice. "It's just, girls, this is my fight. I don't want to put you in danger, okay?"

Joanna looks at Yuki who is now greeting the gypsies and tells me, "It's not your 'fight', Sam. The firemen say someone burned down the inn last night. They dumped a full bottle of gasoline through the mailbox. A Molotov cocktail."

Qui l'a fait, à ton avis ? Eh
bien... si je ne me trompe pas,
je dirais que c'était notre ami,
Albert, ou ses amis russes.

5

—Et hier à La Cassole, dit
Yuki, se tournant vers nous,
Albert a essayé de tous nous
tuer. Ce n'est pas ton combat.
10 Nous devons travailler
ensemble si nous voulons
arrêter Albert.

— Et nous avons besoin de
15 l'aide de la police. Joanna nous
montre son téléphone portable.
— D'accord ?
Quelqu'un a répondu à son
appel. — Oui, je m'appelle
20 Joanna Meier, je suis
allemande… Oui, Sam est mon
ami. Elle s'arrête. — Oui ?
Vous me connaissez ? Vous
avez envoyé un agent à La
25 Cassole ce matin ? Quoi ? Il n'y
avait rien là-bas ? Un feu
saisonnier ? Hé ! Vous avez
tort ! Écoutez… Mon ami dit
qu'il a des raisons de croire
30 qu'Albert a kidnappé notre
professeure de français. Elle est
en danger. Elle s'arrête encore.

"Who do you think did it?
Well... if I'm not mistaken, I
would say it was our friend,
Albert, or his Russian friends."

"And yesterday at La Cassole,"
Yuki says, turning to speak to
us, "Albert tried to kill us all.
It's not your fight. We have to
work together if we want to
stop Albert."

"And we need the police's
help." Joanna shows us her cell
phone. "Okay?"

Someone has answered her call.
"Yes, my name is Joanna
Meier, I'm German…Yes, Sam
is my friend." She pauses.
"Yes? You know me? Did you
send an officer to La Cassole
this morning? What? There was
nothing there? A seasonal fire?
Ha! You're wrong! Listen…
My friend says that he has
reason to believe that Albert
has kidnapped our French
teacher. She's in danger."

Another pause.

— Oui... non ?... Vraiment ?...
Oh nous ne savions pas. Eh
bien, je vous rappellerai plus
tard.

5

Joanna raccroche le téléphone
et nous regarde. — La
réceptionniste dit qu'il n'y avait
personne à La Cassole. Tout
10 était fermé. Ils disent que le feu
a été causé par la chaleur de
l'été. Rien d'étrange. On ne peut
pas dire que nous étions là-bas
ou ils vont nous arrêter !

15

— Mais la grange ! Il y avait
des tombes dans la grange !
— Ils n'ont rien trouvé, Sam...

20 — Mais c'est impossible, je dis
doucement, mais, honnêtement,
je ne suis pas surpris. — Et
Renata. Peut-être qu'il retient
Renata en otage dans la
25 grange ?
— Selon Victor, Renata et
Albert sortent ensemble. Ils se
connaissent depuis l'école
primaire. En tout cas, la police
30 est encore à La Cassole. Si
quelqu'un entre, elle le verra.

"Yes... no?... Really?... Oh, we
didn't know." "Well, I'll call
you back later."

Joanna hangs up the phone and
looks at us. "The receptionist
says that there was no one at La
Cassole. It was all closed up.
They say the fire was caused by
the summer heat. Nothing
strange. We can't say we were
there or they're going to arrest
us!"

"But the barn! There were
graves in the barn!"
"They didn't find anything,
Sam..."
"But that's impossible," I say
softly, but, honestly, I'm not
surprised. "And Renata. Maybe
he's holding Renata hostage in
the barn?"

"According to Victor, Renata
and Albert are dating. They
have known each other since
primary school. Anyway, the
police are still at La Cassole. If
someone goes in, they will see
them."

Je pense à la fois où j'ai vu
Albert à l'école de langues.
« Peut-être qu'il rendait visite à
sa petite amie, Renata ?

5

« Et peut-être qu'il s'avère que
Renata est aussi une
gangster ? » je me le demande.
Je ne peux pas en être sûr, mais
10 j'ai le sentiment que Renata est
en danger et je dois la
retrouver.
— Je dois retrouver Renata.
Albert veut me faire du mal.
15 S'il apprend que Renata est ma
mère, il va aussi lui faire du
mal.

— D'accord, dit Yuki en sortant
20 un couteau de poche.

—Range ça, dit Joanna
tranquillement, mais oui, je suis
d'accord. Comment est-ce que
25 nous allons la retrouver ? Nous
allons aller à l'école de
langues ?
—Si nous trouvons Albert, je
suis sûr que nous trouverons
30 Renata, je dis, bien que je ne
sois pas si convaincu de mes
propres mots.

I think of the time I saw Albert
at the language school. *Maybe
he was visiting his girlfriend,
Renata?*

*And maybe it'll turn out that
Renata is a gangster too?* I
wonder. I can't be sure, but I
have a feeling Renata is in
danger and I have to find her.

"I have to find Renata. Albert
wants to hurt me. If he knows
that Renata is my mother, he's
going to hurt her too."

"Okay," Yuki says, pulling out
a pocket knife.

"Put that away," Joanna says
quietly, "but yeah, I agree too.
How are we going to find her?
Are we going to the language
school?"

"If we find Albert, I'm sure
we'll find Renata," I say,
although I'm not so convinced
of my words.

Hassan est en train de caresser
son rat, Rémy. Il semble que le
rat communiquait avec son
propriétaire. Ses yeux brillent
comme deux étoiles.

Hassan lève la tête et ajoute :
— Je sais où on peut trouver
Albert, mais ça va être
dangereux.

Hassan regarde attentivement la
femme blonde plus âgée avec la
montre en or et les boucles
d'oreilles en diamant. Je vois
que près de cette femme il y a
deux hommes. Ils ont aussi les
cheveux blonds et les yeux
bleus. L'un d'eux est plus grand
et a l'air un peu plus jeune et
aussi fort qu'un gorille. L'autre
est plus mince, mais aussi
musclé, et semble plus sage
qu'un vieux loup.

J'imagine que ce sont des
touristes allemands, ou peut-
être russes, mais honnêtement,
ils ressemblent à un couple de
délinquants.

Hassan is stroking his rat,
Remy. It seems that the rat was
communicating with his owner.
His eyes shine like two stars.

Hassan raises his head and
adds, "I know where we can
find Albert, but it's going to be
dangerous."

Hassan gazes intently at the
older blond woman with the
gold watch and diamond
earrings. I see that near the
woman there are two men.
They also have blond hair and
blue eyes. One of them is
bigger and looks somewhat
younger and as strong as a
gorilla. The other is thinner, but
also muscular, and seems wiser
than an old wolf.

I imagine they are German
tourists, or maybe Russian, but
honestly, they look like a
couple of thugs.

— Nous t'écoutons Hassan.
Qu'est-ce qu'on fait ?
— Tu sais que j'ai fait quelques
petits boulots pour Albert,
n'est-ce pas ? Eh bien, je devais
traduire des messages du russe
au français et vice versa.

— Albert vient de passer un
marché avec un groupe de
Russes. Je n'ai pas tous les
détails, mais ils achètent bien
plus que des voitures.

Ils se réunissent ce soir pour
conclure l'affaire. Albert sera
sans doute là car ils vont lui
donner un million d'euros.

"We hear you, Hassan. What
do we do?"
"You know that I did some
small jobs for Albert, right?
Well, I had to translate some
messages from Russian to
French and vice versa."

"Albert has just made a deal
with a group of Russians. I
don't have all the details, but
they are buying more than
cars."

"They're meeting tonight to
close the deal. Albert will
undoubtedly be there because
they are going to give him a
million euros."

CHAPTER 5

Les Russes

Dans l'après-midi, je n'arrête
pas de regarder mon téléphone.
Je suis agité et inquiet. Je suis
sûr d'avoir trouvé ma mère, un
5 jour seulement après avoir
perdu mon père.

Maintenant, elle est en danger
et la police dit qu'elle ne peut
10 rien faire. Je ne peux pas croire
que Renata, ma mère, soit la
petite amie de ce gangster
diabolique, Albert.

15 Hassan dit que nous devons
attendre le coucher du soleil et
qu'à ce moment-là, il va nous
emmener au lieu de rencontre
entre Albert et les Russes.
20
Nous retournons à ce qui reste
de L'Auberge de Saint-Sernin
et, en la voyant, je me sens très
mal. Le feu a détruit la porte,
25 les fenêtres sont brisées. Les
murs sont couverts de suie, plus
noirs que le charbon.
Devant nous, un groupe de
badauds regarde les ruines
30 tandis qu'un journaliste prend
des photos du désastre.

In the afternoon, I can't stop
looking at my phone. I'm
restless and worried. I'm sure
I've found my mother—just one
day after losing my father.

Now she is in danger and the
police say there is nothing they
can do. I can't believe that
Renata —my mother— is the
girlfriend of this evil gangster,
Albert.

Hassan says that we have to
wait until sunset and that at that
time he is going to take us to
the meeting place between
Albert and the Russians.

We go back to what remains of
L'Auberge de Saint-Sernin and,
seeing it, I feel terrible. The fire
has destroyed the door, and the
windows are smashed. The
walls are covered in soot,
blacker than coal.
Ahead of us, a group of
onlookers look at the ruins
while a journalist takes photos
of the disaster.

— Tu penses que c'est Albert ? je demande à Hassan. Ou les Russes ? Ce qui est sûr, c'est qu'Albert est derrière tout ce qui nous arrive, il répond en regardant l'un des pompiers sortir par le trou où se trouvait la porte.

— Je suis venu en France pour fuir la violence de mon pays et je me suis retrouvé au milieu d'une guerre. C'est comme si j'étais une malédiction. Je suis désolé, Sam.

— Mais qu'est-ce que tu dis ? Je suis la malédiction ici ! J'aurais dû rester avec mon père au lieu de venir ici pour chasser les fantômes. Je suis désespéré de rencontrer ma mère, mais je ne veux vraiment pas de ce drame. Ma mère m'a fait adopter quand j'étais bébé, pourquoi est-ce qu'elle voudrait me rencontrer maintenant ?

— Tu crois ? Vraiment ? Hassan allume une cigarette.

"Do you think it was Albert?" I ask Hassan. "Or the Russians? What's certain is that Albert is behind everything that's happening to us," he answers as he watches one of the firefighters exit through the hole where the door used to be.

"I came to France to escape the violence in my country, and I found myself in the middle of a war. It's like I'm a curse. I'm sorry, Sam."

"But what are you saying? I am the curse here! I should have stayed with my father instead of coming here to hunt ghosts. I'm desperate to meet my mother, but I really don't want any of this drama. My mother gave me up for adoption when I was a baby, why would she want to meet me now?"

"You think? Really?" Hassan lights a cigarette.

— Je pense que ta mère n'avait pas d'autre choix que de te faire adopter.

— Je suis convaincu qu'elle avait une raison importante, quelque chose d'important. D'ailleurs, je suis sûr qu'elle a passé sa vie à se demander où tu es et ce que tu fais.

— Tu crois ? je lui dis sans grande conviction. Je commence à sentir les papillons dans mon estomac, alors je change de sujet. — Nous devrions manger avant d'en finir avec cette affaire.

Nous nous rendons sur la place, où nous retrouvons les filles. Yuki parle au même jeune homme que nous avons vu le matin. Il porte un pantalon noir et un tee-shirt blanc.

Il est très beau et j'ai l'impression que Yuki pense la même chose. D'autre part, Valentina a l'air brisé .

Je m'assieds à côté d'elle et je mets ma main sur la sienne.

“I think your mother had no option other than give you up for adoption.”
“I am convinced that she had an important reason, something big. Besides, I'm sure she's spent her life wondering where you are and what you're doing.”

“You think?” I tell him without much conviction. I start to feel the butterflies in my stomach, so I change the subject. “We should eat before finishing this matter.”

We go to the square, where we meet the girls. Yuki is talking to the same young man we saw in the morning. He is wearing black pants and a white T-shirt.

He is very handsome, and I get the impression that Yuki thinks the same. On the other hand, Valentina looks broken.

I sit next to her and put my hand on hers.

— C'est fini, Valentina dit,
nous n'avons plus rien.
L'auberge était tout ce que
nous avions et maintenant c'est
5 un tas de cendres. Je ne sais pas
ce que nous allons faire.

— Tu as des amis, Valentina.
Nous ne te laisserons pas seule,
10 je te le promets, je lui dis,
même si la vérité est que je n'ai
pas grand-chose non plus en ce
moment. Il me reste deux cents
euros dans mon portefeuille et
15 une carte au nom de La
Cassole.

Hassan regarde Yuki et son
ami, mais quand son téléphone
20 sonne, il baisse les yeux et lit le
message. Il me regarde et dit :
— À dix heures et demie, les
Russes seront près du mur de la
ville, près du restaurant La
25 Clandestine. Albert sera là pour
récupérer l'argent qu'ils lui
doivent. Il va devenir riche.

Les heures qui suivent
30 s'écoulent très lentement, à une
vitesse d'escargot.

"It's over," says Valentina, "we
don't have anything anymore.
The inn was all
we had and now it's a pile of
ashes. I don't know what we're
going to do."

"You have friends, Valentina.
We won't leave you alone, I
promise," I tell her, although
the truth is that I don't have
much right now either. I have
two hundred euros left in my
wallet and a card in the name of
La Cassole.

Hassan is looking at Yuki and
her friend, but when his phone
rings, he looks down and reads
the message. He looks at me
and says: "At half past ten, the
Russians will be by the city
wall near the La Clandestine
restaurant. Albert will be there
to collect the money they owe
him. He's going to get rich."

The next few hours pass very
slowly, at a snail's pace.

Je suis très inquiet et, en même temps, je m'ennuie beaucoup. Nous décidons d'aller chez Joanna où elle nous prépare un déjeuner très savoureux : un croque-monsieur au gruyère fondu et au jambon blanc avec une salade verte et des tomates. Tout est délicieux, mais je ne mange pas beaucoup parce que je suis trop nerveux :

— J'ai changé d'avis. Nous devrions essayer d'appeler la police à nouveau, qu'est-ce que tu en penses ? je dis à Joanna alors qu'elle mange de bon appétit.

Hassan nous interrompt :
— Mauvaise idée. Tu m'as dit que tu avais vu une photo de l'agent Victor à La Cassole, non ? Il est clair que Victor et Albert sont amis. La police ne va rien faire.
— Et puis, ajoute Yuki d'un ton sarcastique en essayant de faire entrer un gros morceau de croque-monsieur dans sa bouche, tu n'as pas envie d'expliquer à la police les affaires que tu as faites

I am very worried and, at the same time, very bored. We decide to go to Joanna's house where she prepares us a very tasty lunch: a croque-monsieur with melted gruyère cheese, ham with a salad and tomatoes. Everything is delicious, but I don't eat much because I am too nervous.

"I've changed my mind. We should try calling the police again, what do you think?" I say to Joanna as she eats heartily.

Hassan interrupts us: "Bad idea. You told me that you saw a photo of agent Victor in La Cassole, right? Clearly Victor and Albert are friends. The police are not going to do anything."

"And besides," Yuki adds sarcastically as she tries to squeeze a large chunk of croque-monsieur in her mouth, "you don't want to explain to the police the business you've done

avec un gangster et la mafia
russe, n'est-ce pas Hassan ?

La Japonaise fait un clin d'œil à
5 Hassan, mais le Marocain ne
sourit pas.
— Quelqu'un veut du dessert ?
Joanna demande en faisant
semblant de ne pas remarquer
10 la dispute entre Yuki et Hassan.
Nous avons de la crème brûlée,
de la crème glacée, de la crème
au chocolat, de la crème
caramel...
15

— De la crème glacée ? Tu vis
dans une crèmerie, Joanna ou
quoi ? Hassan demande avec
impatience, en regardant son
20 téléphone.
— Grossier, Yuki gronde.
Joanna est une très bonne
cuisinière.
— Ça suffit les gars ! Nous
25 sommes tous très nerveux et ce
n'est pas le moment de se
disputer, j'interromps. Quelle
heure est-il ?

30 — C'est l'heure d'y aller, je
crois, Hassan dit

with a gangster and the Russian
mafia, do you? Hassan."

The Japanese girl winks at
Hassan, but the Moroccan does
not smile.
"Anyone want dessert?" Joanna
asks, pretending not to notice
the row between Yuki and
Hassan. We have crème brûlée,
ice cream, chocolate cream,
crème caramel…

"Ice cream? You live on a
dairy, Joanna or what?" Hassan
asks impatiently, looking at his
phone.

"Rude," Yuki scolds. "Joanna
is a very good cook."

"Enough guys! We are all very
nervous and this is not the time
to fight," I interrupt. "What
time is it?"

"Time to go, I think," Hassan
says

en regardant d'abord Yuki, puis
son téléphone. Je ne sais pas ce
qui se passe entre eux, mais je
n'ai pas le temps de m'en
5 préoccuper pour l'instant.

— Je ne veux pas que tu t'en
ailles, Valentina dit
soudainement. J'ai tout perdu
10 en un jour. Je ne veux pas
perdre mes amis aussi.
Elle a l'air déterminée, et quand
elle se lève, je pense qu'elle va
me pousser.
15 — Valentina, je lui dis à voix
basse, je dois trouver Renata. Je
pense que c'est ma mère. Il faut
que tu comprennes.

20 Valentina soupire d'impatience.
— Ce que je comprends, c'est
que tu es très égoïste, Sam. Elle
crie presque, et je vois les
visages choqués de Joanna et
25 Yuki. Cela fait trois jours que
nous chassons les fantômes de
ton passé. Pendant ce temps,
j'ai perdu ma maison, mon
entreprise et mon avenir. Et tu
30 ne t'arrêtes même pas pour
penser aux conséquences ?

looking first at Yuki and then at
his phone. I don't know what is
going on between them, but I
don't have time for that right
now.

"I don't want you to go,"
Valentina says suddenly. "I've
lost everything in one day. I
don't want to lose my friends
too."
She looks determined, and
when she stands up, I think
she's going to push me.
"Valentina," I tell her in a low
voice, "I have to find Renata. I
think she's my mother. You
have to understand."

Valentina sighs impatiently.
"What I understand is that you
are very selfish, Sam." She's
almost shouting, and I see the
shocked faces of Joanna and
Yuki. "We've been chasing the
ghosts of your past for three
days. In that time, I have lost
my home, my business, and my
future. And you don't even
pause to think about the
consequences?"

Yuki et Joanna me regardent
avec des visages anxieux.
— Mais Valentina, ce n'est pas
ma faute... Je ne voulais pas
que tout cela arrive. Je voulais
juste savoir qui je suis...

— Tu ne le voulais pas, mais
c'est ce que nous avons. — Des
larmes coulent sur ses joues.
— Et honnêtement, Sam, je me
demande si tout aurait été plus
facile si tu n'étais jamais venu à
Toulouse.

Il y a un silence gênant dans la
pièce. Je ne sais pas si
Valentina a raison ou non. Je
comprends qu'elle a beaucoup
perdu aujourd'hui, mais je ne
veux pas perdre le peu qu'il me
reste.

Au bout d'un moment, Hassan
dit : — Il faut partir.

Je regarde Yuki et Joanna et je
comprends qu'elles ne peuvent
pas laisser Valentina seule.
Hassan et moi allons partir
seuls.

Yuki and Joanna look at me
with anxious faces.
"But Valentina, it's not my
fault... I didn't want any of this
to happen. I just wanted to
know who I am..."

"You didn't want it, but it's
what we got." Tears are
running down her cheeks. "And
honestly, Sam, I wonder if
everything would have been
easier if you'd never come to
Toulouse."

There is an awkward silence in
the room. I don't know if
Valentina is right or not. I
understand that she's lost a lot
today, but I don't want to lose
what little I have left.

After a moment Hassan says,
"We have to go."

I look at Yuki and Joanna and
understand that they can't leave
Valentina alone. Hassan and I
are going on our own.

J'essaie de dire au revoir à
Valentina, mais elle tourne la
tête. Je ressens sa tristesse et
son angoisse, mais en même
temps, je suis en colère.
« Pourquoi ne comprend-elle
pas que je dois en finir ? »
— Eh bien, à plus tard, je dis
enfin.

*

Dans la rue, il y a un mélange
de musique ringarde et de cris
d'enfants et de jeunes qui
s'amusent comme des fous au
festival. Cela me fait envie,
j'aimerais bien m'amuser avec
mes amis. Nous nous éloignons
du vacarme et marchons
ensemble dans l'obscurité du
mur de la ville sans échanger
un mot.

Nous laissons rapidement
derrière nous le bruit des rires
et de la musique et entrons dans
l'un des quartiers les plus
historiques de la ville. — Je ne
suis pas sûr que ce soit une
bonne idée de s'approcher des
Russes comme ça... je dis.

I try to say goodbye to
Valentina, but she turns her
head. I feel her sadness and
anguish, but at the same time,
I'm angry.
*Why doesn't she understand
that I need to end this?*
"Well, see you later," I say
finally.

*

Coming from the street there is
a mix of cheesy music and
shouts from children and young
people who are having a great
time at the festival. It makes me
envious, I would like to be
enjoying myself with my
friends. We move away from
the ruckus and walk together
into the darkness of the city
wall without exchanging a
word.
We quickly leave the noise of
laughter and music behind us
and enter one of the most
historic neighbourhoods in the
city. "I'm not sure it's a good
idea to sneak up on the
Russians like that…" I say.

— Il n'est pas trop tard pour changer d'avis, Hassan répond sans ralentir.

5 — Non... non, je proteste, c'est juste que je ne sais pas ce qu'on va faire quand on verra les Russes et Albert.

10 — Tu as peur, Hassan dit. C'est normal.

— Tu n'as pas peur ? je demande, haletant.
15

Soudain, Hassan s'arrête net et se tourne vers moi.
— J'ai eu peur toute ma vie, Sam. Ce n'est pas quelque
20 chose de nouveau pour moi. Tu t'habitues.
Quelque chose bouge dans l'ombre et j'entends une voix qui ressemble à un grognement.
25 — C'est une bonne chose, les gars. La voix a un fort accent. Avoir peur ne servirait à rien.

La silhouette se déplace dans la
30 lumière de la lune et je vois que c'est le grand homme musclé que j'ai vu sur la place – le Gorille.

"It's not too late to change your mind," Hassan replies without slowing down.

"No… no," I protest, "I just don't know what we're going to do when we see the Russians and Albert."

"You're scared," Hassan says. "It's normal."

"You're not scared?" I ask, panting.

Suddenly Hassan stops short and turns to me.
"I've been afraid all my life, Sam. It is not something new to me. You get used to it."

Something moves in the shadows, and I hear a voice that sounds like a growl.
"That's a good thing, guys." The voice has a heavy accent. "Being afraid would be useless."
The figure moves into the moonlight, and I see that it is the big, muscular man I saw in the square – the Gorilla.

Il est armé d'un pistolet.
Derrière lui se trouve l'autre
homme qui était avec lui, le
Loup. Il est un peu plus petit.
Je me sens terrifié. Je recule
d'un pas et regarde Hassan, qui
a déjà les mains en l'air.

— Qui êtes-vous ? je leur
demande, la voix tremblante,
même si je suis sûr que ce sont
les deux Russes que j'ai vus sur
la place. Nous ne voulons pas
vous déranger...

— Déranger ? répète le gorille
entre deux rires, en regardant
son compagnon. Il ne parle
manifestement pas bien le
français et il a besoin de son
partenaire pour traduire.

Celui qui semble plus sage
qu'un vieux loup dit quelque
chose en russe. Il semble
frustré. Il s'adresse à nous avec
un accent très prononcé :
— Privé, il dit en agitant les
mains. Ici, pas venir. Le Gorille
marmonne quelque chose en
russe et le Loup répond. J'ai
l'impression qu'ils se disputent.

He has a gun. Behind him is the
other man who was with him –
the Wolf. He's somewhat
smaller.
I feel terrified. I take a step
back and look at Hassan, who
already has his hands up.

"Who are you?" I ask them, my
voice shaking, though I'm sure
it's the two Russians I saw in
the square. "We don't want to
bother you..."

"Bother?" repeats the Gorilla
between laughs, looking at his
companion. He clearly doesn't
speak French well and needs
his partner to translate.

The one who seems wiser than
an old wolf says something in
Russian. He seems frustrated.
He speaks to us with a very
thick accent, "Private," he says,
waving his hands. "Here not to
come." The Gorilla mumbles
something in Russian and The
Wolf answers. I get the
impression that they are
arguing.

Puis le Loup s'approche
d'Hassan et le regarde avec
intérêt. A ce moment-là, je me
souviens de ce que Hassan m'a
5   dit. Il m'a dit qu'il avait aidé à
traduire certaines choses pour
Albert. Je me demande s'ils se
sont parlé au téléphone ou face
à face, et s'il est possible qu'ils
10   le reconnaissent. J'entends les
sons de la danse du festival
dans la brise.

Hassan se racle la gorge et dit
15   quelque chose en russe.

Le Loup recule et lève son
arme. Je sens mon cœur battre
la chamade et mon estomac se
20   retourner. « Ils vont tuer mon
ami devant moi ? Et après,
qu'est-ce qu'ils vont faire de
moi ? »

25   Le Loup se retourne et aboie
quelque chose à son
compagnon. Le Gorille lui
répond furieusement. Peut-être
qu'ils vont s'entretuer après
30   nous avoir tués ? Hassan dit
quelque chose d'autre en russe
et sort son téléphone.

Then The Wolf approaches
Hassan and looks at him with
interest. At that moment, I
remember what Hassan told
me. He told me that he had
helped translate some things for
Albert. I wonder if they spoke
on the phone or face to face,
and if it is possible that they
will recognise him. I hear the
sounds of the festival dance in
the breeze.

Hassan clears his throat and
says something in Russian.

The Wolf steps back and raises
his gun. I feel my heart
pounding and my stomach
churning. *Are they going to kill
my friend in front of me? And
then what are they going to do
with me?*

The Wolf turns and barks
something at his companion.
The Gorilla replies furiously.
Maybe they're going to kill
each other after killing us?
Hassan says something else in
Russian and pulls out his
phone.

Le Gorille pointe son arme sur Hassan. Hassan parle à nouveau en russe et montre son téléphone. Le Loup le regarde

5 attentivement. Il appelle son partenaire et les deux Russes regardent l'écran.

Je veux savoir ce qu'ils

10 regardent, mais je ferais mieux de me taire, de peur qu'ils ne se fâchent... Finalement, le Gorille range son arme et fait un geste de la main. Je crois qu'il veut

15 dire : « Sortez d'ici ».

Je n'ai plus envie de leur parler, alors nous nous dirigeons rapidement vers une ruelle à

20 droite. Lorsque nous sommes loin des Russes, je m'arrête et je dis à Hassan d'attendre une minute. Je suis essoufflé et j'ai du mal à parler.

The Gorilla points his gun at Hassan. Hassan speaks Russian again, showing his phone. The Wolf looks at him carefully. He calls his partner, and the two Russians look at the screen.

I want to know what they're looking at, but I'd better keep quiet, lest they get angry… In the end, The Gorilla puts away his weapon and makes a gesture with his hand. *"Get out of here",* I think he means.

I have no desire to talk to them anymore, so we quickly head down an alley to the right. When we're away from the Russians, I stop and tell Hassan to wait a minute. I am out of breath and can hardly speak.

CHAPTER 6

Le rendez-vous

Nous sommes dans l'une des rues de la vieille ville de Toulouse. Je regarde autour de moi, mais je ne reconnais pas le quartier.

La rue est déserte ; j'ai l'impression que tous les habitants de la ville sont aux fêtes. Si quelque chose nous arrive ici, personne ne le remarquera.

— De quoi tu parlais avec nos amis russes ? je demande doucement à Hassan.

— Rien d'intéressant. Je leur ai demandé d'où ils venaient. Je connais un de leurs amis. Je leur ai montré une photo.

— Et ils nous ont laissés partir ? Juste comme ça ? Ton ami doit être une personne importante, non ?

— Je ne sais pas, Sam. Il ne me regarde pas. — Je leur ai dit que j'aime les Russes et que j'ai beaucoup d'amis russes.
— Rien d'autre ?

Il penche la tête d'un côté.

We are in one of the streets of the old town of Toulouse. I look around, but I don't recognise the neighbourhood.

The street is deserted; I get the impression that all the residents of the city are at the festival. If something happens to us here, no one will notice.

"What were you talking about with our Russian friends?" I ask Hassan quietly.

"Nothing of interest. I asked them where they were from. I know a friend of theirs. I showed them a photo."

"And they let us go? Just like that? Your friend must be an important person, right?"

"I don't know, Sam." He doesn't look at me. "I told them that I love Russians and that I have many Russian friends."
"Anything else?"

He tilts his head to one side.

— Je reconnais la voix de celui qui est plus âgé et plus maigre. Il fait partie du même groupe qui fait affaire avec Albert.

5

— Ceux qui vont acheter les voitures d'Albert ?

Hassan me regarde dans les yeux : — Tu penses qu'ils vont payer un million d'euros pour un tas de voitures ?
— Alors, qu'est-ce qu'ils achètent ?
Une voiture passe au bout de l'allée.

— En parlant de voitures… je dis à Hassan. — Je reconnais cette voiture verte...
Nous marchons dans la même direction que la voiture jusqu'au bout de la rue. Là, nous tournons à droite dans une autre rue. Elle a une pente très raide.

Au bout de cette rue, je vois le mur qui, dans ce quartier de la ville, est bien conservé et est haut et large. Au-dessus du mur, la lune brille. Elle a l'air plus pâle ce soir.

"I recognise the voice of the one who is older and thinner. He is from the same group that does business with Albert."

"The ones who are going to buy Albert's cars?"

Hassan looks me in the eye, "Do you think they're going to pay a million euros for a bunch of cars?"
"So, what are they buying?"

A car passes at the end of the alley.

"Speaking of cars…" I say to Hassan. I recognise the green car...
We walk in the same direction as the car until we reach the end of the street. There we turn right onto another street.
It has a very steep slope.

At the end of that street, I see the city wall which, in this area of the city, is well preserved and is high and wide. Above the wall the moon shines. It looks paler tonight.

Nous nous cachons dans le noir
et regardons la scène de loin,
attendant de voir ce qui se
passe. Au loin, je vois que la
5 voiture verte se gare. Albert
sort de la voiture. Il semble y
avoir quelqu'un d'autre assis
dans la voiture, mais dans le
noir, je ne vois pas si c'est
10 Renata, une Russe ou quelqu'un
d'autre.

Au bout de cinq minutes, une
autre voiture arrive. Cette fois
15 une Mercedes comme celles
que j'ai vues dans le garage de
La Cassole et je vois une
femme qui sort de la voiture.
C'est la femme blonde que j'ai
20 vue sur la place. Elle marche le
menton haut, avec un air de
supériorité.
Maintenant je me souviens de
son visage – c'est la même
25 femme qui a perdu son sac sur
la place il y a trois jours ! Nous
l'avons vue au poste de police
lorsque la police nous a arrêtés,
Hassan et moi.
30 — C'est la Russe de la place !
je dis en serrant les dents.
— Est-ce que cette femme fait
partie de la mafia russe ?

We hide in the darkness and
watch the scene from afar,
waiting to see what happens.
In the distance, I see that the
green car is parking up. Albert
gets out of the car. There seems
to be someone else sitting in
the car, but in the dark I can't
see if it's Renata, a Russian, or
someone else.

After five minutes, another car
arrives. This time a Mercedes
like the ones I saw in the
garage at La Cassole and I see a
woman getting out of the car.

It's the blond woman I saw in
the square. She walks with her
chin held high, with an air of
superiority.
Now I remember her face – it's
the same woman who lost her
bag in the square three days
ago! We saw her at the police
station when the police arrested
Hassan and me.

"It's the Russian lady from the
plaza!" I say through clenched
teeth. "Is that woman from the
Russian mafia?"

Hassan ne répond pas, mais il
montre la voiture verte et plisse
les yeux. Il veut voir s'il y a
quelqu'un à l'intérieur. Pendant
5 ce temps, la Russe s'approche
d'Albert et je vois qu'ils parlent.

À cet instant, un nuage passe et
recouvre la lune déjà pâle, nous
10 plongeant dans l'obscurité. Sans
dire un mot, nous nous
dirigeons vers la voiture verte.
Je respire vite.

15 « Comment j'en suis arrivé là ?
Je ne veux pas mourir ; je ne
veux pas non plus que ma mère
soit blessée. » Il n'y a pas de
doute, je dois continuer jusqu'à
20 ce que je règle cette histoire.
Nous atteignons le mur et nous
avançons le dos collé à l'ombre
des pierres pour qu'ils ne nous
voient pas.
25

D'ici, je sens déjà le tabac
d'Albert et le parfum de la
Russe ; ils sont très proches.
J'ai envie d'éternuer, mais
30 j'arrive à retenir l'éternuement.

Hassan doesn't answer, but
points to the green car and
narrows his eyes. He wants to
see if there is someone inside.
Meanwhile, the Russian
woman approaches Albert and I
see that they are talking.
At that moment, a cloud passes
and covers the already pale
moon plunging us into
darkness. Without saying a
word, we head towards the
green car. I'm breathing fast.

*How did I get to this point? I
don't want to die; I don't want
my mother hurt either.* Without
a doubt, I must keep going until
I settle this story.

We reach the city wall and
move with our backs glued to
the shadow of the stones so that
they don't see us.

From here, I can already smell
Albert's tobacco and the
Russian woman's perfume; they
are very close. I want to sneeze,
but I manage to swallow the
sneeze down.

Maintenant la voiture verte est à une cinquantaine de mètres de nous. Dans ma poitrine je sens mon cœur battre la chamade ;
5 dans ma tête mon esprit est un nœud de pensées contradictoires :
« Est-ce qu'ils vont nous voir ? Est-ce qu'ils vont nous faire du
10 mal ? Est-ce que ma mère sera dans la voiture ? Comment est-ce que nous pouvons la sauver ? » Dans ma tête, j'ai l'image de la photo très nette.
15
« C'est Renata. »

« Je suis sûr ».

20 « Ma mère ».

Une belle jeune femme, une jeune fille qui n'a aucune idée des défis qu'elle va rencontrer
25 dans la vie. Je m'approche de la voiture.

Hassan est surpris de me voir si près de la voiture et marmonne
30 en essayant de me ramener dans l'obscurité du mur, mais c'est trop tard et je ne me retourne pas.

Now the green car is about fifty metres from us. In my chest I feel my heart beating like a drum; in my head my mind is a knot of conflicting thoughts:

Are they going to see us?
Are they going to hurt us?
Will my mother be in the car?
How can we save her?

In my head, I have a clear image of the photo.

It is Renata.

I'm sure.

My mother.

A beautiful young woman, a young girl who has no idea of the challenges she is going to encounter in life. I walk towards the car.

Hassan is surprised to see me so close to the car and mumbles something, trying to get me back into the darkness of the wall, but it's too late and I don't turn around.

Il y a quelqu'un à l'intérieur de la voiture, mais je ne peux toujours pas voir son visage. Je ne sais pas si c'est Renata – ma
5 mère – ou pas.

À quelques mètres de moi, la Russe sort une valise de sa Mercedes pendant qu'Albert
10 attend. Je suis déjà à la porte de la voiture et la personne à l'intérieur se tourne pour me regarder par la fenêtre.

15 Elle a quelque chose sur son visage... Un masque ? Non... c'est un bâillon. Ses yeux sont remplis de peur et d'incrédulité. Je ressens une vague de colère
20 en réalisant que c'est ma mère. Albert a bâillonné ma mère.

Je tends la main vers la porte et l'ouvre facilement, mais ma
25 mère gémit en me voyant. Je vois que ses mains sont liées. Sans réfléchir, mais sans faire de bruit, j'enlève le bâillon.

30 — Fiston ? J'acquiesce en dénouant les cordes qui lient ses mains.

There's someone inside the car, but I still can't see their face. I don't know if it's Renata – my mother – or not.

A few metres from me, the Russian is taking a suitcase out of her Mercedes while Albert waits. I'm already at the car door and the person inside turns to look out the window at me.

They have something on their face… *A mask? No…it's a gag.* Their eyes are filled with fear and disbelief.
I feel a fit of rage when I realise that it's my mother. Albert has gagged my mother.

I reach out for the door and open it easily, but my mother groans at the sight of me. I see her hands are tied. Without thinking, but without making a sound, I remove the gag.

"Son?" I nod as I untie the ropes that bind her hands.

— Je pensais que je ne te reverrais plus jamais. Elle a failli tomber en descendant de la voiture. Je vois Albert ouvrir la valise. Il est occupé à regarder le contenu.

Il est trop distrait pour remarquer ce que je fais. Je prends la main de ma mère et la tire vers moi. Un mélange d'émotions m'envahit… Peur, anticipation… amour ?

En silence, nous atteignons le mur où Hassan nous attend.

— Fiston, Albert est devenu fou ! dit Renata. Je peux voir la peur dans ses yeux. Je pense qu'il est fou. Il va tous nous tuer. Et ces Russes… ils sont très dangereux.

À ce moment, une voix familière grogne derrière nous :
— Pas gentil, monsieur, il dit.
Je reconnais la voix du Gorille.
— Dangereux ? dit son partenaire. Il a un pistolet dans la main.

"I thought I would never see you again." She almost falls getting out of the car. I see Albert open the suitcase. He's busy looking at the contents.

He's too distracted to notice what I'm doing. I grab my mother's hand and pull her towards me. A mixture of emotions takes over me… Fear, anticipation… love?

Silently, we reach the city wall where Hassan is waiting for us.

"Son, Albert has gone crazy!" Renata says. I can see the fear in her eyes. "I think he's gone crazy. He's going to kill us all. And these Russians… they are very dangerous."

At that moment, a familiar voice growls behind us:
"Not nice, sir," he says.
I recognise the Gorilla's voice.
"Dangerous?" says his partner.
He has a gun in his hand.

—Tu crois ? Le Loup regarde
le Gorille, mais on peut voir sur
son visage qu'il ne comprend
rien. Il dit quelque chose en
5   russe et le Loup le gronde.

Pendant ce temps, Albert et la
Russe nous ont déjà entendus.
Ils mettent la valise dans le
10   coffre et s'approchent de nous.

Je sens l'espoir quitter mon
cœur. Nous étions à une minute
de nous échapper, mais
15   maintenant, la sécurité de ma
mère, de mes amis, d'Hassan et
de Rémy, et la mienne, est en
danger. Albert rit à voix haute.

20   — Qu'est-ce qui se passe ici ?!
il crie. La traître a retrouvé son
petit ? Il crache par terre.
Renata se jette sur son petit
ami, mais le Gorille l'attrape
25   avec ses énormes bras.

— Tu le savais ? crie Renata.
Ça ne peut pas être possible ?
Tu savais que mon fils était ici
30   et tu ne me l'as pas dit ? Tu as
perdu la tête, Albert.

"Do you think so?" The Wolf
looks at the Gorilla, but you
can see in his face that he
doesn't understand anything.
He says something in Russian
and the Wolf scolds him.
Meanwhile, Albert and the
Russian have already heard us.
They put the suitcase in the
trunk and approach us.

I feel the hope drain from my
heart. We were one minute
away from escaping, but now
the safety of my mother, my
friends, Hassan and Rémy, and
mine are in danger. Albert is
laughing out loud.

"What's going on here?!" he
shouts. "Has the traitor found
her calf?" He spits on the
ground. Renata lunges at her
boyfriend, but the Gorilla
catches her with his huge arms.

"You knew?" Renata yells. "It
just can't be so? You knew that
my son was here, and you
didn't tell me anything? You've
lost your mind, Albert."

Tu ne sais pas ce que tu es en
train de faire.
La Russe marche vers nous et
fait signe au Loup et au Gorille.
5 Le Loup me pousse fort. Je
tombe au sol et il sort une corde
et me lie les mains.

— Ne lui fais pas de mal,
10 Albert ! crie Renata, le visage
tordu de colère. Ne touche pas
à mon fils !
La Russe sort une cigarette et
l'allume. Elle nous regarde
15 comme si elle regardait un
animal sur le point d'être
abattu. Pas une trace de
compassion sur son visage.

20 — Albert, tu vas m'expliquer
qui sont ces deux-là ? La Russe
a aussi un accent fort, mais elle
parle clairement mieux français
que les deux cancres qu'elle a
25 pour brutes. —L'Africain me
semble familier, mais je ne sais
pas pourquoi.
Elle regarde Hassan
pensivement. — Ah oui, le
30 guitariste de la place !

Enfin elle se tourne vers Albert
et dit :

"You don't know what you're
doing."
The Russian lady walks
towards us and signals to the
Wolf and the Gorilla. The Wolf
pushes me hard. I fall to the
ground, and he pulls out a rope
and ties my hands.
"Don't you hurt him, Albert!"
Renata screams, her face
twisted in anger. "Don't you
touch my son!"
The Russian lady takes out a
cigarette and lights it. She
looks at us as if she were
looking at an animal about to
be slaughtered. Not a trace of
compassion on her face.

"Albert, are you going to
explain who these two are?"
The Russian lady has a thick
accent, too, but she clearly
speaks better French than the
two knuckleheads she has for
goons. "The African looks
familiar to me, but I don't know
why." She looks at Hassan
thoughtfully. "Ah yes, the
guitarist from the square!"

Finally, she turns to Albert and
says:

— Pourquoi est-ce qu'ils sont ici ? Ils allaient me donner un concert ? La vérité est que je n'ai pas envie de danser, Albert ; je veux faire affaire avec toi et je n'aime pas les surprises. C'est clair ?

— Je comprends, madame. Je pensais avoir déjà... éliminé ces problèmes, mais apparemment, c'est plus compliqué que je ne le pensais.

La Russe tire une dernière bouffée de cigarette et la jette par terre. Elle rit.

— J'ai l'impression que tu n'es pas très compétent, Albert.

Elle fait un signe de la main au Loup et soudain je sens quelque chose de dur, de froid et de métallique sur ma tête.

La Russe sourit.

— Voyons si nous pouvons t'aider à mettre fin à tes problèmes afin que nous puissions conclure notre affaire, d'accord ?

Une forte explosion résonne dans les anciens bâtiments qui nous entourent.

"Why are they here? Were they going to give me a concert? The truth is, I don't feel like dancing, Albert; I want to do business with you, and I don't like surprises. Is that clear?"

"I understand, ma'am. I thought I had already... eliminated these problems, but apparently, it's more complicated than I thought."

The Russian takes a last drag on the cigarette and throws it to the ground. She laughs.

"I get the impression that you are not terribly competent, Albert."

She waves to the Wolf and suddenly I feel something hard, cold and metallic against my head.

The Russian lady smiles.

"Let's see if we can help you put an end to your problems so we can finish our business, okay?"

A loud explosion echoes through the ancient buildings around us.

Au-dessus de nous, je vois les
lumières du feu d'artifice.
— Bon timing, hein ? dit la
Russe à Albert en pointant le
feu d'artifice.

En entendant les mots de la
Russe, Albert hoche la tête et
sort son arme. D'autres feux
d'artifice explosent dans le ciel.

Pendant un moment, je pense
que certains feux d'artifice sont
plus bruyants que d'autres, mais
ensuite je réalise qu'Albert a
tiré au-dessus de nous.

J'ai l'impression d'être sur un
bateau. Je pense que je vais
m'évanouir ; tout tourne autour
de moi. J'essaie, sans succès, de
poser mes mains par terre pour
me stabiliser.

— Viens ici, gamin, dit le
gangster en pointant son arme
sur moi.
— Certainement pas ! crie
Renata alors qu'elle se débat
avec le Russe qui la retient.

Above us I see the lights of the
fireworks.
"Nice timing, huh?" the
Russian lady says to Albert,
pointing to the fireworks.

Hearing the Russian's words,
Albert nods and takes out his
weapon. More fireworks
explode in the sky.

For a moment, I think that
some fireworks are louder than
others, but then I realise that
Albert has fired above us.

I feel like I'm on a ship. I think
that I am going to faint;
everything is spinning around
me. I try, unsuccessfully, to put
my hands on the ground to
steady myself.

"Come here, kid," the gangster
says, pointing his gun at me.

"Absolutely not!" Renata
screams as she struggles with
the Russian who is restraining
her.

—Albert, tu es en train de faire
une erreur ! Tu n'as aucune idée
de ce que tu vas faire ! —
Sans regarder sa petite amie,
5 Albert s'approche de moi et
lève son pistolet. J'essaie de me
relever, mais le Russe me
pousse et me tient. Je ne peux
pas bouger et je ne sais pas
10 quoi faire.
J'essaie de crier, mais aucun
son ne sort de ma gorge.
— N'y pense même pas,
bâtard ! crie Renata. C'est mon
15 fils ! Si tu le touches, je te
tuerai. Je l'ai déjà perdu une
fois et je ne le perdrai plus !

Albert rit à nouveau. C'est un
20 rire diabolique. Renata
continue d'essayer de se libérer
du Gorille. Je ressens un
picotement dans mes mains ; je
pense qu'elles s'engourdissent.
25

Devant moi, Albert lève son
pistolet ; il est à deux mètres de
ma tête. Enfin, il se tourne vers
Renata et dit : — Oui, je sais
30 que c'est ton fils et c'est
pourquoi j'ai essayé de le faire
fuir.

"Albert, you're making a
mistake! You have no idea
what you're going to do!"
Without looking at his
girlfriend, Albert approaches
me and raises his gun. I try to
get up, but the Russian pushes
me and holds me. I can't move
and I don't know what to do.

I try to scream, but no sound
comes out of my throat.
"Don't even think about it, you
bastard!" Renata yells. "He's
my son! If you touch him, I'll
kill you. I already lost him once
and I won't lose him again!"

Albert laughs again. It's a
diabolical laugh. Renata
continues trying to free herself
from the Gorilla. I feel a
tingling in my hands; I think
they are falling asleep.

In front of me, Albert raises his
gun; it's two metres from my
head. Finally, he turns to
Renata and says, "Yes, I know
he's your son and that's why I
tried to scare him off.

La Cassole est ta maison familiale - c'est très clair pour moi - mais je ne veux pas la perdre, tu sais ? J'ai des secrets cachés dans ta maison. Ton fils pense qu'il peut venir et tout me prendre, mais je ne vais pas le laisser faire. C'est clair ?

Les feux d'artifice continuent et le bruit qu'ils font me fait penser au pistolet d'Albert. Je tremble de peur.

Devant nous, j'entends un autre bruit, comme si quelque chose vibrait. Je me demande si c'est ma tête, à cause de la peur, du vertige et du stress. Je regarde à ma droite et je vois que Renata lutte toujours avec le Gorille, mais il est trop fort.

Hassan essaie de me dire quelque chose, mais je n'ai aucune idée de ce qu'il veut dire.

— Ne fais pas de mal à mon fils, Albert ! plaide Renata. Tu ne comprends rien… je t'en supplie, tu dois m'écouter !

La Cassole is your family's home - that is very clear to me - but I don't want to lose it, you know? I have secrets hidden in your house. Your son thinks he can come and take everything from me, but I'm not going to let him. Is it clear?"

The fireworks continue and the noise they make makes me think of Albert's gun. I am shaking in fear.

In front of us I hear another noise, like something is vibrating. I wonder if it's my head, because of the fear, the dizziness and the stress. I look to my right and see that Renata is still struggling with the Gorilla, but he is too strong.

Hassan is trying to tell me something, but I have no idea what he means.

"Don't hurt my son, Albert!" Renata pleads. "You don't understand anything… I beg you, you have to listen to me!"

Maintenant la Russe s'approche
de nous et regarde Albert.
— Une vie compliquée, hein ?
Tu dois régler ça maintenant !
5 Si tu veux faire affaire avec
nous, nous devons le faire
maintenant, avant que la police
n'arrive.
Le bruit des feux d'artifice
10 s'arrête un moment, mais
l'étrange vibration continue.

Je plisse les yeux, essayant de
voir s'il y a quelqu'un dans
15 l'ombre du mur.
Quelque chose bouge, mais je
ne sais pas ce que c'est.

« Un chien ? Un rat ? Ou peut-
20 être un sans-abri à la recherche
d'un endroit où passer la
nuit ? »

Je regarde Albert et je vois que
25 ses yeux brillent
diaboliquement. Ils ne
transmettent que de la haine.
C'est un démon. Je pense à mon
père, décédé il y a quelques
30 jours. Et ma mère ? Est-ce que
je vais la perdre aussi ? Est-ce
que je vais laisser tout ceci se
passer sans rien faire ?

Now the Russian lady
approaches us and looks at
Albert. "Complicated life, huh?
You have to sort it out now! If
you want to do business with
us, we have to do it now, before
the police arrive."

The noise of the fireworks
stops for a while, but the
strange vibration continues.

I squint, trying to see if there is
someone in the shadow of the
city walls.
Something is moving, but I
don't know what it is.

*A dog? A rat? Or maybe a
homeless person looking for a
place to spend the night?*

I look at Albert and see that his
eyes are shining with real evil.
They only transmit hate. He is a
devil. I think of my father, who
died a few days ago. And my
mother? Am I going to lose her
too? Am I going to let this
happen without doing
anything?

Le marteau du pistolet clique.
Albert se prépare à tirer.

— Albert, s'il te plaît. Ne le fais
pas, supplie Renata en pleurant.
— Tu ne te rends pas
compte…? Tu te souviens
quand j'avais dix-sept ans et
que je suis partie en vacances à
Madrid ? Que j'y suis restée un
mois ou plus ? Tu te souviens
de ça, mon amour ?

Albert ne baisse pas son arme,
mais il écoute.
— Qu'est-ce que tu dis,
Renata ?
— Mon amour… J'étais très
jeune… et j'avais peur. Tu
sais ? Une fille de dix-sept ans.

Maintenant Albert la regarde et
dit : — De quoi tu parles,
Renata ?
— Mais tu te souviens ?

Il y a une pause et Albert
répond : — Oui, Renata. Je me
souviens. Je pensais que tu
avais un autre petit ami…
Comment est-ce que je pourrais
oublier !

The hammer of the pistol
clicks. Albert is preparing to
shoot.
"Albert, please. Don't do it,"
Renata pleads crying.
"Don't you realise...? You
remember when I was
seventeen years old and I went
on a vacation to Madrid? That I
stayed there a month or more?
Do you remember that, my
love?"

Albert does not lower the gun,
but he's listening.
"What are you saying,
Renata?"
"My love… I was very
young… and afraid. You
know? A seventeen year old
girl."
Now Albert looks at her and
says, "What are you talking
about, Renata?"
"But, do you remember it?"

There is a pause and Albert
answers, "Yes, Renata. I
remember. I thought you had
another boyfriend… How could
I forget!"

— Je n'avais pas d'autre petit ami. J'avais peur. J'avais peur parce que j'étais enceinte.

5 Renata parle plus doucement maintenant. Elle n'arrête pas de pleurer et il est difficile de comprendre ce qu'elle dit.

10 — J'étais enceinte et mon père m'a dit que je devais faire adopter le bébé. Mon amour, j'ai donné naissance à un bébé. Un garçon…
15

Il n'a toujours pas déposé son arme.

— Je sais, mon amour, il dit
20 sarcastiquement. Je te l'ai dit. Je sais que tu as donné naissance à un bâtard il y a seize ans. C'est mieux s'il meurt...

25 — Non, répond Renata. Ce que tu ne comprends pas, c'est que Sam n'est pas seulement mon fils, mais aussi ton fils, Albert. Sam est notre fils.

"I didn't have another boyfriend. I was afraid. I was scared because I was pregnant."

Renata speaks more softly now. She's still crying and it's hard to understand what she's saying.

"I was pregnant, and my father told me that I had to give the baby up for adoption. My love, I gave birth to a baby. A boy…"

He still hasn't put the gun down.

"I know, my love," he says sarcastically. "I told you. I know you gave birth to a bastard sixteen years ago. It's better if he dies…"

"No," Renata replies. "What you don't understand is that Sam is not only my son, but also your son, Albert. Sam is our son."

CHAPTER 7

La fin

Je fixe Albert, attendant sa
réaction, mais son visage et ses
yeux restent impassibles. J'ai de
plus en plus le vertige et les
5   picotements dans mes mains
s'aggravent aussi.

Je vais vomir.

10 Comment est-il possible que
cet homme sans cœur soit mon
père ? Je ne peux pas croire que
lorsqu'elle était jeune, Renata,
une personne si douce et
15 gentille, se soit retrouvée avec
un gangster sans cœur comme
Albert.
Un silence intense domine la
situation. Enfin, Renata rompt
20 le silence avec sa voix calme et
douce.

— Nous sortons ensemble
depuis l'école primaire. Quand
25 tu avais dix ans, tu étais très
drôle, chaleureux et affectueux,
Albert. Tu te rappelles ?
Quelques années plus tard,
nous sommes devenus
30 inséparables. Nous sommes
allés partout ensemble ; nous
étions inséparables.

I stare at Albert, waiting for his
reaction, but his face and his
eyes remain impassive. I am
getting more and more dizzy
and the tingling in my hands is
also getting worse.

I'm going to vomit.

How can this heartless man be
my father? I can't believe that
when she was young Renata,
such a sweet and kind person,
got together with a heartless
gangster like Albert.

An intense silence dominates
the situation. Finally, Renata
breaks the silence with her
calm and soft voice.

“We've dated since primary
school. When you were ten
years old, you were very funny,
fun-loving and affectionate,
Albert. Do you remember?
A few years later, we became
inseparable. We went
everywhere together; we were
inseparable.”

Mon père n'était pas d'accord
avec notre relation et a toujours
pensé que je changerais d'avis
après quelque temps, mais il
5   avait tort. Et à dix-sept ans, je
suis tombée enceinte et je ne
savais pas quoi faire...

— Et il ne t'est pas venu à
10 l'esprit de me dire quelque
chose ? demande Albert sans la
regarder. Tu ne pensais pas
qu'il était important de dire
quelque chose au père de ton
15 fils ? Renata soupire et secoue
la tête.
J'ai mal aux yeux. Je pense que
j'ai de la fièvre.
Non, ce n'est pas possible.
20 Renata a tort. Je suis sûr. Je ne
sais pas si je suis une bonne
personne, mais je suis sûr que
je n'ai pas les mêmes gènes
qu'Albert. Ça ne peut pas être
25 vrai. « Et comment est-ce que
je suis arrivé en Angleterre ? »
je m'entends demander.

Renata respire. Je vois qu'elle
30 pleure encore. À la fin, elle dit :
— Mon père m'a dit que je ne
pouvais pas donner naissance
au bébé.

"My father did not approve of
our relationship and always
thought that I would change my
mind after a while, but he was
wrong. And at seventeen, I got
pregnant and didn't know what
to do..."

"And didn't it occur to you to
say something to me?" Albert
asks without looking at her.
"Didn't you think it was
important to say something to
your son's father?"
Renata sighs and shakes her
head.
My eyes hurt. I think I have a
fever.
No. It just can't be. Renata is
mistaken. I'm sure. I don't
know if I'm a good person, but
I'm sure I don't have the same
genes as Albert. It can't be true.

And how did I get to England?

I hear myself ask.

Renata takes a breath. I see that
she is crying again. In the end
she says, "My father told me
that I couldn't give birth to the
baby.

J'étais brisée. Je voulais mourir.
Heureusement, Bondieu, le
prêtre, est venu me parler. Il
m'a dit que je pouvais faire
5 adopter le bébé. Il connaissait
un Anglais qui voulait adopter.
Un professeur. C'était une très
bonne personne qui, à coup sûr,
allait s'occuper du bébé comme
10 si c'était le sien. Renata me
regarde.
— Cet homme était ton père,
Sam. Il s'appelait James. C'était
un homme généreux, loyal et
15 attentionné.

Maintenant, Albert lève le
pistolet et le pointe sur Renata.
Il parle doucement, mais il
20 semble menaçant :
— Comment est-ce que tu as
pu cacher tout ça ? Comment se
fait-il que je découvre
maintenant que je suis… père ?
25 Il crache le mot. — Ma vie
aurait pu être différente.
Comment en es-tu capable ?
Comment ? Comment est-ce
possible ?! il dit en criant.
30
Sa main tremble de façon
incontrôlable et j'ai peur que le
pistolet ne se déclenche.

I was broken. I wanted to die.
Luckily, Bondieu, the priest,
came to talk to me. He told me
that I could give the baby up
for adoption. He knew an
Englishman who wanted to
adopt. A teacher. He was a very
good person who was sure to
take care of the baby as if it
were his own." Renata looks at
me.
"That man was your father,
Sam. His name was James. He
was a generous, loyal and
loving man."

Now Albert raises the gun and
points it at Renata. He speaks
softly, but he sounds menacing,

"How could you have hidden
all this? How can it be that I am
finding out now that I am… a
father?" He spits out the word.
"My life could have been
different. How are you
capable? How? How is it
possible?!"
He says yelling.

His hand is shaking
uncontrollably and I'm afraid
the gun is going to go off.

La Russe regarde la scène avec
intérêt. Elle semble s'amuser
comme si elle regardait un bon
feuilleton.
5 Elle regarde Albert puis
Renata. Elle ne sait pas quoi
penser, si tout ceci est une
blague ou la réalité.

10 C'est certainement une scène
très étrange : Albert avec son
arme, Hassan, Renata et moi à
genoux dans la rue. La famille
la plus dysfonctionnelle de
15 l'histoire de France réunie pour
la première fois...

J'ai mal aux mains. Je dois
sortir d'ici. Je regarde le sol
20 pendant qu'au loin, j'entends le
bruit des festivités et, de plus
près, juste derrière nous, dans
l'ombre du mur, j'entends de
nouveau le même bruit
25 qu'avant ; c'est comme si
quelque chose vibrait.

Derrière Albert et la Russe,
quelque chose bouge. Une
30 ombre. Ma tête tourne.
Maintenant, je vois un chariot
sortir de l'ombre du mur. Il est
plein de déchets.

The Russian lady watches the
scene with interest. She seems
entertained as if she is watching
a good soap opera.
She looks at Albert and then at
Renata. She doesn't know
whether to think this is a joke
or reality.

It is without doubt a very weird
scene: Albert with his weapon,
Hassan, Renata and me
kneeling in the street. The most
dysfunctional family in the
history of France reunited for
the first time...

My hands hurt. I have to get
out of here. I look at the ground
while, in the distance, I hear the
noise of the festivities and,
closer, just behind us, in the
shade of the wall, I hear the
same noise again as before; it's
like something is vibrating.

Behind Albert and the Russian,
something moves. A shadow.
My head is spinning. Now I see
a shopping trolley coming out
of the shadows of the wall. It is
full of rubbish.

C'est la clocharde de la place.
C'est Paulette ! Les yeux fixés
sur le pistolet d'Albert, elle
arrive en courant comme un
5 éclair. Puis, comme un taureau
en colère, elle écrase Albert
avec son chariot. Le gangster
tombe au sol et perd son arme.

10 En même temps, je sens la
pression sur mes mains se
relâcher. Je me retourne et vois
que Rémy a coupé les liens
avec ses dents. Sans avoir le
15 temps de remercier mon rat
préféré, nous entendons le
crissement des pneus d'une
voiture qui accélère.

20 Le Gorille et le Loup se
retournent, mais ils n'ont pas le
temps de réagir. C'est le chaos.
Je ne sais pas ce qui se passe.
Les Russes cherchent
25 désespérément l'arme et leur
patron se dirige directement
vers le coffre de la Mercedes
pour récupérer la valise.

30 Le Loup crie en russe, pendant
qu'Albert a l'air stupéfait, les
yeux écarquillés.

It's the homeless lady from the
plaza. It's Paulette! Her eyes
locked on Albert's gun, she
comes running like a shot.
Then like an angry bull she
charges into Albert with her
trolley. The gangster falls on
the ground and loses his gun.

At the same time, I feel the
pressure on my hands soften. I
turn and see that Rémy has cut
the ties with his teeth. With no
time to thank my favourite rat,
we hear the screeching tires of
a speeding car.

The Gorilla and the Wolf turn
around, but they don't have
time to react. It's chaos. I do not
know what is happening. The
Russians desperately search for
the weapon and their boss goes
straight for the trunk of the
Mercedes to retrieve the
suitcase.

The Wolf yells in Russian,
while Albert looks stunned, his
eyes as big as plates.

Le Gorille se lève et court vers
la Mercedes ; le Loup rampe le
long du trottoir à la recherche
de son arme dans l'obscurité ; la
5 Russe crie quelque chose, mais
personne n'écoute.

Pendant ce temps, quelqu'un
m'attrape et me met dans une
10 voiture avec Renata et Hassan.
Je ne vois que le sol de la
voiture et j'entends le
rugissement du moteur qui
accélère.
15

Lorsque j'ouvre les yeux, je
vois que Valentina est assise
sur le siège passager. Yuki me
regarde, un large sourire aux
20 lèvres.
« Qui conduit ? »
Je m'assieds sur le siège et je
vois que le conducteur est Ivan.
Ivan, mon supposé ennemi. Le
25 fils d'Albert. Ivan, qui nous a
déjà sauvés à La Cassole, nous
sauve à nouveau. « Ivan, mon
frère…»
— Nous pensions que vous
30 alliez avoir besoin d'aide, me
dit Yuki en posant une main sur
l'épaule d'Ivan. — Ivan savait
où vous trouver.

The Gorilla gets up and runs
towards the Mercedes; the
Wolf crawls along the sidewalk
looking for his gun in the dark;
the Russian lady yells
something, but no one listens.

Meanwhile, someone grabs me
and puts me in a car with
Renata and Hassan. I only see
the floor of the car and hear the
roar of the engine as it
accelerates.

When I open my eyes, I see
that Valentina is sitting in the
passenger seat. Yuki is looking
at me, a wide smile on her face.

Who is driving?
I sit up in the seat and see that
the driver is Ivan. Ivan, my
supposed enemy. Albert's son.
Ivan, who already saved us in
La Cassole, now rescues us
again. *Ivan, my brother…*

"We thought you were going to
need help," Yuki tells me, and
she puts a hand on Ivan's
shoulder. "Ivan knew where to
find you."

Heureusement, nous sommes
arrivés à temps.
Pendant un moment, je me sens
heureux, mais ensuite j'entends
un coup de feu et je ne peux
plus respirer.
Paulette est là-bas avec un
groupe de voyous. Et il s'avère
qu'Albert, le plus méchant et le
plus fou de tous, est... Je ne
peux même pas le dire... C'est
mon père.

— Nous nous sommes
échappés de peu, dit Valentina
en regardant par la fenêtre,
mais ne t'inquiète pas, Sam.
Nous sommes venus avec
Victor. Apparemment, la police
enquête depuis longtemps sur
les affaires d'Albert. Elle savait
qu'il vendait de la drogue et que
ce soir allait être son jour de
paie. Elle va tous les arrêter :
Albert et les Russes. Paulette
ira bien et la police va tout
régler.
— C'est juste, je commence à
dire. — C'est que…

— Quelque chose d'autre s'est-
il passé ? me demande
Valentina.

Luckily, we arrived on time.

For a moment, I feel happy, but
then I hear a gunshot and I can't
breathe.

Paulette is there with a group of
thugs. And it turns out that
Albert, the meanest and craziest
of all, is... I can't even say it...
He's my father.

"We narrowly escaped,"
Valentina says, looking out the
window, "but don't worry, Sam.
We came with Victor.
Apparently, the police have
been investigating Albert's
affairs for a long time. They
knew he was dealing drugs and
that tonight was going to be his
payday. They are going to
arrest them all: Albert and the
Russians. Paulette is going to
be fine, and the police are
going to fix everything."
"It's just," I start to say. "The
thing is…"

"Has something else
happened?" Valentina asks me.

Je regarde Renata, ma mère, et
elle secoue la tête pour indiquer
que ce n'est pas le moment de
leur dire qu'Albert est mon
5   père.

J'ai encore envie de vomir et je
suis complètement épuisé. Je
veux dormir, mais au lieu
10   d'aller chez Joanna, Ivan nous
emmène directement au centre-
ville…

— Vraiment ? Nous allons aux
15   fêtes ? Quelqu'un doit
m'expliquer ce que nous faisons
ici, je dis à Valentina.
— Cela a été une journée très
compliquée et longue pour moi.
20
Valentina me sourit : — À vrai
dire, ça n'a pas non plus été le
plus beau jour de ma vie. Elle
regarde Renata puis elle me
25   regarde de nouveau.
— Honnêtement Sam, je pense
que tu as gagné plus
aujourd'hui que tu n'as perdu.
Et pour cela, nous allons
30   oublier le feu, les Russes et nos
soucis. Nous allons rejoindre la
fête !

I look at Renata, my mother,
and she shakes her head to
indicate that this is not the time
to tell them that Albert is my
father.

I still feel like throwing up and
am absolutely exhausted. I
want to sleep, but instead of
going to Joanna's house, Ivan
takes us directly to the city
centre…

Really? We are going to the
party? "Someone has to
explain to me what we're doing
here, I say to Valentina. It has
been a very difficult and long
day for me."

Valentina smiles at me, "To tell
you the truth, it hasn't been the
best day of my life either." She
looks at Renata and then she
looks at me again. "Honestly
Sam, I think you've won more
today than you've lost. And for
that, we are going to forget
about the fire, about the
Russians and about our worries.
We are going to join the party!"

— Valentina, je commence à
dire. J'ai mal à la tête et j'ai
envie de vomir. — C'est que…

5   — Ce n'est rien, interrompt
Yuki. Ces deux-là. Elle désigne
Hassan et Ivan. — Ils ont un
concert sur la place avec un de
mes amis. Nous allons arriver
10 en retard. Et toi, Sam, tu vas
jouer avec eux. Tu n'as pas le
choix. Vous allez jouer, oui ou
oui.

15 Renata est sur le point de dire
quelque chose, mais Yuki
l'interrompt :
— Et vous non plus. Vous ne
voulez pas voir comment votre
20 fils joue du cajon ?

— Quoi ? je proteste. Je n'ai
aucune intention de jouer du
cajon devant le public, surtout
25 après avoir failli être tué par un
groupe de gangsters.

Yuki et Valentina ne
m'écoutent pas. Ivan me
30 regarde timidement dans le
rétroviseur et je vois qu'il a la
trompette posée sur ses jambes.

"Valentina," I start to say. My
head hurts and I feel like
throwing up. "The thing is…"

"The thing is nothing," Yuki
interrupts. "These two." She
points to Hassan and Ivan.
"They have a concert in the
square with a friend of mine.
We are going to be late. And
you, Sam, are going to play
with them. You have no choice.
You're going to play yes or
yes."
Renata is about to say
something, but Yuki interrupts.

"And you too. Don't you want
to see how your son plays the
cajon?"

"What?" I protest. "I have no
intention of playing the cajon in
public, especially after I was
almost killed by a group of
gangsters."

Yuki and Valentina aren't
listening to me. Ivan shyly
looks at me in the rear view
mirror and I see that he has the
trumpet resting on his legs.

J'ai envie de crier ou de pleurer,
mais je ne dis rien.
Nous sortons de la voiture et
nous allons sur la place. C'est
5 plein de gens qui bavardent,
dansent, boivent et rient.
Hassan s'arrête et achète une
boisson à un stand.

10 Yuki, Valentina, ma mère et
moi, nous nous frayons un
chemin jusqu'à ce que nous
atteignions la cafétéria où nous
prenons habituellement le petit
15 déjeuner. Un groupe de gitans
nous attend. L'un d'eux se lève
et embrasse Yuki.
— C'est mon ami Jean. On
l'appelle « La Flamme » car
20 quand il danse, il bouge comme
une flamme.

Il regarde la confusion sur mon
visage et ajoute : — Une
25 flamme de feu, pas comme une
« flemme » ! Jean se lève et me
tend la main. Il est grand et il a
de longs cheveux ondulés.
— Yuki m'a beaucoup parlé de
30 toi. Tu joues du cajon comme
un dieu, il dit en me regardant
avec intérêt. Tu vas jouer avec
nous, n'est-ce pas ?

I want to scream, or cry, but I
don't say anything.
We get out of the car and go
into the square. It's full of
people chatting, dancing,
drinking and laughing. Hassan
stops and buys a drink at a stall.

Yuki, Valentina, my mother
and I elbow our way through
until we reach the cafeteria
where we usually have
breakfast. A group of gypsies is
waiting for us. One of them
gets up and kisses Yuki.

"He's my friend, Jean. They
call him *'La Flamme'* because
when he dances, he moves like
a flame."

He looks at the confusion on
my face and adds, "flame as in
fire, not as in 'flemme'
(laziness)!" Jean stands up and
offers me a handshake. He is
tall and has long wavy hair.
"Yuki has told me a lot about
you. You play the cajon like a
god," he says, looking at me
with interest. "You're going to
play with us, right?"

—C'est juste que... j'essaie de
dire, mais les mots ne sortent
pas. Jean, « La Flamme », a
une présence vraiment
5   impressionnante et je ne veux
pas le décevoir.

— Ah, regarde qui est là, la
Flamme interrompt. Je tourne
10 la tête et je vois que Hassan est
déjà arrivé. Il a l'air très
ébouriffé, mais personne ne dit
rien.
— On va jouer ou quoi ? le
15 Marocain dit sans saluer
personne.

Soudain, une voix forte
annonce depuis la scène que La
20 Flamme est prêt à danser.

— C'est la sensation sur
Internet ! Le danseur de
flamenco le plus connu de
25 Toulouse ! Du restaurant La
Camarétoise jusque chez vous :
La Flamme et sa bande ! le
présentateur crie avec
enthousiasme.
30

Les gens applaudissent et La
Flamme dit : — Allez, les
gars !

"It's just…" I try to say, but the
words don't come out. Jean, 'La
Flamme', has a truly
impressive presence and I don't
want to disappoint him.

"Ah, look who's here," La
Flamme interrupts. I turn my
head and see that Hassan has
already arrived. He looks very
dishevelled, but no one says
anything.
"Are we going to play or
what?" says the Moroccan
without greeting anyone.

Suddenly a loud voice
announces from the stage that
La Flamme is ready to dance.

"He's the internet sensation!
The best-known flamenco
dancer in Toulouse! From La
Camarétoise Restaurant, to all
of you: La Flamme and his
band!" the presenter shouts
excitedly.

People applaud and La Flamme
says, "Come on, guys!"

Une minute plus tard, je suis
sur scène en train de regarder
tous les gens sur la place.

5   De là, je peux voir toute la
ville. J'apprécie la beauté des
bâtiments historiques et des
murs de la ville.

10 Au loin, je regarde passer une
voiture de police et je crois voir
le visage misérable d'Albert par
la fenêtre. Je respire
profondément.
15
Un mélange d'émotions envahit
mon corps : tristesse de voir
mon père, mon père biologique,
détenu par la police ; mais, en
20 même temps, je ressens de la
joie pour ma mère.

Renata est libre pour la
première fois depuis
25 longtemps. Je pense à ce qu'elle
m'a dit, que La Cassole est la
maison de sa famille. Ma
maison de famille. Et je pense à
la nouvelle vie que je vais
30 commencer avec elle et mes
amis. Un sentiment de paix
envahit mon corps. Je ne suis
pas seul.

A minute later, I'm on stage
looking at all the people in the
square.

From here I can see the whole
city. I appreciate the beauty of
the historic buildings and the
city walls.

In the distance, I watch a police
car go by and I think I see
Albert's miserable face through
the window. I take a deep
breath.

A mixture of emotions takes
over my body: sadness to see
my father, my biological father,
detained by the police; but, at
the same time, I feel joy for my
mother.

Renata is free for the first time
in a long time. I think about
what she told me, that La
Cassole is her family's house.
My family's house.
And I think about the new life
I'm about to start with her and
my friends.
A feeling of peace takes over
my body. I am not alone.

La Flamme lève un bras et la
foule se tait. L'un des gitans
commence à jouer de la guitare.
L'ambiance est électrique.
5 Hassan me fait un clin d'œil et
je me prépare à jouer devant les
gens de la ville. Les gens de ma
ville.

10   *

Après le concert, nous allons
tous ensemble prendre un verre
au bar de la place. Un homme
en béquilles s'approche de nous
15 et ma mère, Renata, se lève les
bras ouverts.

— Julien ! Tu es venu ! Quelle
joie ! Elle tire une chaise et
20 l'homme s'assied péniblement.

Je le reconnais tout de suite.
C'est l'homme que j'ai vu dans
la cathédrale la nuit. Mon
25 oncle. Je m'approche de lui et il
me sourit. Je me penche et lui
donne une forte accolade.

— Tu m'as envoyé la carte et
30 l'argent, n'est-ce pas, tonton ?

La Flamme raises an arm and
the crowd falls silent. One of
the gypsies begins to play the
guitar. The atmosphere is
electrifying. Hassan winks at
me and I prepare to play in
front of the people of the town.
The people of my town.

                *

After the concert, we all go
together to have a drink at the
bar in the square. A man on
crutches approaches us and my
mother, Renata, stands up with
open arms.

"Julien! You've come! What
joy! She pulls out a chair and
the man sits down laboriously.

I recognise him immediately.
He's the man I saw in the
cathedral at night. My uncle. I
walk up to him and he smiles at
me. I bend down and give him
a very tight hug.

"You sent me the bank card
and the money, right, uncle?"

Il sourit. — Nous avons reçu ta
lettre il y a un mois. J'ai
reconnu ton nom parce que
j'étais en contact avec ton
5   père… Ton père anglais je veux
dire. Je voulais attendre le bon
moment pour dire quelque
chose à ma sœur. Je savais que
la police enquêtait sur Albert...
10 — Mon père, je dis avec
emphase.

— Bien sûr. Je ne savais pas
quoi faire. Je savais qu'Albert
15 allait s'en prendre à nous et
j'avais peur de ce qu'il pourrait
faire. Je t'ai envoyé une carte et
de l'argent et je t'ai dit
d'attendre un peu, mais je
20 comprends que tu ne voulais
pas attendre. J'avais tellement
peur de ce qu'il pourrait te faire,
mais au final, c'est moi qui ai
fini à l'hôpital !
25

Nous prenons des tapas au bar
et Valentina me dit : — Le
concert a été fantastique. La
nourriture aussi. — Je vois la
30 tristesse dans ses yeux.

Valentina a tout perdu
aujourd'hui.

He smiles. "We received your
letter a month ago. I recognised
your name because I was in
contact with your father…
Your English father I mean." "I
wanted to wait for the right
moment to say something to
my sister. I knew that the police
were investigating Albert…"
"My father," I say with
emphasis.

"Of course. I didn't know what
to do. I knew that Albert was
going to have it in for us and I
was afraid of what he might do.
I sent you a card and money
and told you to wait a bit, but I
understand that you didn't want
to wait. I was so afraid of what
he might do to you, but in the
end, I was the one who ended
up in the hospital!"

We have some tapas at the bar
and Valentina tells me, "The
concert has been fantastic. The
food too." I see the sadness in
her eyes.

Valentina has lost everything
today.

— Valentina, j'ai parlé avec ma
mère. Je ne sais pas si ça
t'intéresse, mais elle dit qu'il y a
beaucoup de place à La
5   Cassole. Elle veut vous inviter
à rester avec la famille. — Je
tousse nerveusement. — Et elle
pense que, peut-être, c'est un
bon endroit pour ouvrir un bon
10 hôtel pour les touristes qui
viennent à Toulouse… Je
comprends que c'est une
situation un peu étrange,
mais…
15

Valentina me regarde avec
incrédulité, mais elle ne dit
rien. Je continue de parler :
— Tu veux rester avec nous ?
20 Je vois que Fernand est derrière
Valentina, en train de nous
écouter. — Ma mère dit que…
eh bien… ton frère peut venir
aussi… pendant que L'Auberge
25 est en construction, au moins.
J'aimerais bien…
Je me tais et la regarde. Peu à
peu la tristesse disparaît de ses
yeux et quelque chose
30 commence à briller sur son
visage.

De l'espoir.

"Valentina, I have spoken with
my mother. I don't know if
you're interested, but she says
there's plenty of room at La
Cassole. She wants to invite
you to stay with the family." I
cough nervously. "And she
thinks that, perhaps, it is a good
place to open a good hotel for
tourists who come to
Toulouse... I understand that it
is a bit of a strange situation,
but..."

Valentina looks at me
incredulously but doesn't say
anything. I keep talking,
"Do you want to stay with us?"
I see that Fernand is behind
Valentina, listening to us.
"My mother says that... well...
your brother can come too...
while L'Auberge is under
construction, at least. I would
love to…"
I shut up and look at her. Little
by little the sadness disappears
from her eyes and something
begins to shine on her face.

Hope.

Valentina m'attrape et me donne un baiser très fort sur les lèvres.

Valentina grabs me and gives me a big kiss on the lips.

5 — Monsieur Sam Hart, j'adorerais rester avec vous.

"Mr Sam Hart , I would love to stay with you guys."

Je sens une vague de bonheur dans mon corps.

I feel a wave of happiness in my body.

10

— Peut-être que nous pourrions monter un hôtel ensemble à La Cassole. Qu'est-ce que tu en penses ?

"Perhaps we can set up a hotel in La Cassole together. How does that sound?"

15

Elle m'embrasse de nouveau et dit doucement : — Peut-être, Sam, mais pour l'instant, vivons dans le présent, d'accord ?

She gives me another kiss and says softly, "Maybe, Sam, but for now, let's live in the present, okay?"

20

Je vois les yeux méfiants de Fernand nous observer. Je sais que nous allons devoir travailler très dur pour établir 25 une relation après tout ce qui s'est passé, mais je donnerais tout pour sa sœur Valentina.

I see Fernand's suspicious eyes watching us. I know we're going to have to work really hard to establish a relationship after everything that's happened, but I would give anything for his sister Valentina.

Joanna se dirige vers nous.

Joanna walks over to us.

30

— Les gars, elle nous dit, qui veut des viennoiseries pour le dessert ?

"Guys," she tells us, "who wants to have pastries for dessert?"

Il y a cinq jours, je ne savais
pas qui j'étais, il y avait des
moments où je voulais être
quelqu'un d'autre. Maintenant,
5 je me sens bien et je veux
mieux me connaître.

Une nouvelle vie avec ma
famille, dans ma ville et avec
10 mes amis, commence
aujourd'hui.

Five days ago, I didn't know
who I was, there were times
when I wanted to be someone
else. Now I feel good and I
want to know myself better.

A new life with my family, in
my town and with my friends,
starts today.

www.ingramcontent.com/pod-product-compliance
Lightning Source LLC
LaVergne TN
LVHW051054180726
843512LV00019B/1464